GESTÃO SOCIAL e TRABALHO SOCIAL

desafios e percursos metodológicos

EDITORA AFILIADA

*Conselho Editorial da
área de Serviço Social*
Ademir Alves da Silva
Dilséa Adeodata Bonetti
Elaine Rossetti Behring
Ivete Simionatto
Maria Lúcia Carvalho da Silva
Maria Lucia Silva Barroco

Dados Internacionais de Catalogação na Publicação (CIP)
(Câmara Brasileira do Livro, SP, Brasil)

Carvalho, Maria do Carmo Brant de
  Gestão social e trabalho social : desafios e percursos metodológicos / Maria do Carmo Brant de Carvalho. – São Paulo : Cortez, 2014.

  Bibliografia.
  ISBN 978-85-249-2198-8

  1. Assistência social 2. Gestão social 3. Política social 4. Políticas públicas 5. Serviço social I. Título.

14-03698   CDD-361.3

Índices para catálogo sistemático:
1. Serviço social   361.3

Maria do Carmo Brant de Carvalho

GESTÃO SOCIAL E TRABALHO SOCIAL
desafios e percursos metodológicos

1ª edição
1ª reimpressão

GESTÃO SOCIAL E TRABALHO SOCIAL: desafios e percursos metodológicos
Maria do Carmo Brant de Carvalho

Capa: de Sign Arte Visual
Preparação de originais: Ana Paula Luccisano
Revisão: Marcia Nunes
Composição: Linea Editora Ltda.
Assessoria editorial: Priscila Florio
Coordenação editorial: Danilo A. Q. Morales
Fotos do miolo: Patrícia B. M. T. Mendes

Nenhuma parte desta obra pode ser reproduzida ou duplicada sem autorização expressa da autora e do editor.

© 2014 by Autora

Direitos para esta edição
CORTEZ EDITORA
Rua Monte Alegre, 1074 – Perdizes
05014-001 – São Paulo – SP
Tel. (11) 3864 0111 Fax: (11) 3864 4290
E-mail: cortez@cortezeditora.com.br
www.cortezeditora.com.br

Impresso no Brasil — maio de 2017

SUMÁRIO

Apresentação
Gestão social e trabalho social: desafios e percursos
metodológicos 7

Prólogo
Ladislau Dowbor 11

Introdução
Trabalho social na programática da política pública 17

PARTE I
Bases teóricas e programáticas

Novos contornos da gestão social contemporânea 33

A proteção social na entrada do século XXI: avanços e desafios
para a política de assistência social 57

Centralidade da família nas políticas públicas:
afinal, do que se trata? 77

PARTE II
À luz das experiências

Vozes do Cabuçu: a contribuição dos moradores no desenho urbano do seu território 97

Adolescência e modos de aprender 132

Oficinas com famílias: fatos e relatos contados por elas 155

PARTE III
Metodologias de trabalho social e formação

Metodologias de trabalho social 169

A formação do trabalhador social 196

Referências 213

APRESENTAÇÃO
Gestão social e trabalho social: desafios e percursos metodológicos

Este livro poderia ser nominado "o trabalho social na programática da política", pois o trabalho social é mediação necessária a toda política pública, que se comprometa com a busca da equidade e enfrentamento das gritantes desigualdades sociais. Mas também envolve uma reflexão sobre a *gestão social* com seus novos arranjos e especificidades próprios à condução da política pública em sociedades que são cada vez mais complexas. Tanto os imperativos de um competente trabalho social quanto as demandas postas para a gestão nos tempos atuais perpassam as reflexões deste livro.

As reflexões aqui compartilhadas partiram de meu longo e denso percurso na academia e vida profissional.

Obtive oportunidade ímpar de atuar simultaneamente como docente e pesquisadora na PUC-SP e, na gestão pública, em áreas diversas, como assistência social, habitação, educação e até mesmo na saúde. Atuei na administração pública e também em organizações do terceiro setor. Esta trajetória me permitiu navegar na transversalidade da política social, defender a força do protagonismo de nossas populações, decorrentes de seus aprendizados acumulados em seus percursos de vida, assim como defender abordagens integrais e intersetoriais no enfrentamento das desigualdades sociais. Tais questões me motivaram a refletir, pesquisar e buscar inovações na ação pública.

Nas muitas incursões realizadas, o trabalho social sempre emergiu como mediação indispensável à conquista e ao acesso aos serviços de que a população carecia. Todavia, mais que isso, emergia como um processo de ação, cuja densidade depende do grau de compromisso e cumplicidade com as causas que movem os grupos populares, marcados pela pobreza e por toda sorte de vulnerabilidades sociais. Quando dizemos cumplicidade, estamos nos referindo ao que hoje é tão conclamado como empatia ou uma alta sintonia, condição necessária à percepção da causa do outro, e com ele é preciso lutar por sua resolutividade.

Todo trabalho social implica rupturas com concepções regadas na tutela e no autoritarismo para se poder avançar e concretizar o fortalecimento e a emancipação dos chamados grupos excluídos. Isto porque ele possibilita mobilizar e fortalecer a população para que suas demandas adentrem na agenda pública como prioridade, e conquistem pertencimento às cidades.

Há uma utopia colada ao pragmatismo do fazer, nos espaços possíveis ou abertos por nós profissionais do setor público.

Podemos dizer que nossa prática pode ser manipuladora do cotidiano no pior dos sentidos: castrando-o, controlando-o, moldando-o. Mas pode conter também o melhor dos sentidos: revelando a dimensão humana, humanizando um cotidiano asfixiante. Pode ou, não, flexibilizar normas e produzir acolhimento institucional. Ninguém produz cidadãos na tirania da impessoalidade e burocracia institucional.

Aprendemos com esta população a reconhecer sua resiliência e alteridade na conformação de projetos de vida urbana.

Sem dúvida, o trabalho social é de enorme importância pelas mediações que produz. Mas também a gestão de programas sociais públicos solicita bem mais que um gesto técnico-burocrático: exige negociação, articulação, flexibilização de alternativas e adesão de sujeitos heterogêneos...

Neste livro, relato experiências de trabalho social recentes ditadas pelas novas demandas do século XXI.

Não fiz sozinha esta publicação; as experiências que aqui apresento foram feitas em equipe sob minha coordenação. Na produção das reflexões teóricas, contei com a inestimável contribuição de Carola C. Arregui. Acompanhei o percurso de Carola, desde quando chegou do Uruguai para fazer seu mestrado. Embora tenhamos concepções e posições políticas distintas, nossas relações — regadas pelo afeto e empatia — permitiram um alto grau de confiança intelectual e respeito mútuo. Por isso mesmo, recorri a Carola para fazer uma leitura atenta e sinalizar com seus comentários os aprofundamentos que deveria realizar. Contei com a leitura e os comentários igualmente preciosos da professora Bernadete Gatti sobre a formação do trabalhador social para um agir profissional competente.

Finalmente, não poderia deixar de agradecer a tantos amigos e companheiros de percurso, sobretudo àqueles com quem compartilhei os projetos aqui descritos e que me permitiram gentilmente publicizá-los.

A Autora

PRÓLOGO

A produtividade das políticas públicas depende de um processo de articulação política, de enraizamento comunitário, de informação e comunicação. O que temos pela frente é mais do que uma mudança de formas de gestão, é uma mudança da cultura política.

A desigualdade, apesar dos avanços recentes na América Latina, continua sendo o marco estruturante fundamental da sociedade. Com isto, as políticas públicas adquirem uma dimensão essencial. A lógica do capital é de se pautar por capacidade aquisitiva, não pelas necessidades. Assim, o setor privado com fins lucrativos — diferentemente do privado comunitário sem fins lucrativos — tende a reforçar as desigualdades, prestando serviços sociais de luxo para ricos, e gerando para o andar de baixo uma indústria da doença, do diploma e da cultura na qual precisamos de políticas universais e inclusivas. O resultado são desequilíbrios maiores.

Os avanços, relativamente a esta herança estrutural da desigualdade, se dão no Brasil a partir da Constituição de 1988, que abriu espaço para políticas públicas mais democráticas, descentralizadas e participativas. Um balanço de duas décadas, de 1991 a 2010, e detalhando pela primeira vez os indicadores de desenvolvimento humano dos 5.565 municípios do país, mostra que neste período o Índice de Desenvolvimento Humano Municipal (IDHM) passou de

0,493, ou seja, "Muito Baixo", para 0,727, "Alto". Isto representa um salto de 48% no período. Em 1991, o Brasil contava 85,8% de municípios brasileiros no grupo Muito Baixo, em 2010 apenas 0,6%, ou seja, 32 municípios. O caminho que temos pela frente ainda é imenso. O Nordeste ainda apresenta 1.099 municípios, 61,3% do total, com índice Baixo, na faixa dos 0,50 e 0,60 no IDHM. Mas o que o quadro geral representa para este país dividido é imenso: a interiorização do desenvolvimento, um imenso esforço de redução das desigualdades.[1]

A esperança de vida ao nascer passou de 64,7 anos em 1991 para 73,9 em 2010, o que significa que, na média, o brasileiro ganhou 9 anos extra de vida. No plano da educação, passamos de 30,1% de adultos com mais de 18 anos que tinham concluído o ensino fundamental para 54,9%. Em termos de fluxo escolar da população jovem, segundo indicador do item educação, passamos do indicador 0,268 em 1991 para 0,686 em 2010, o que representa um avanço de 128%. A área de educação é a que mais avançou, mas também continua a mais atrasada, pelo patamar de partida particularmente baixo que tínhamos. E em termos de renda mensal *per capita*, passamos de 448 para 794 reais, um aumento real de 77% na capacidade de compra. Ainda baixíssimo, sem dúvida, nada que possa se qualificar de "classe média", mas uma mudança dramática quando as pessoas estão no limiar da sobrevivência e necessitadas de ter acesso a bens essenciais.

De forma geral, portanto, o que os números mostram é que uma política sistemática de inclusão produtiva, de renda básica e de acesso a serviços sociais, produz avanços muito significativos na sociedade. As bobagens herdadas, do tipo "fazer o bolo crescer para distribuir depois", ou a "mão invisível" do mercado resolve, ou ainda o Estado é o problema, na linha do Consenso de Washington,

---

1. *O Índice de Desenvolvimento Humano Municipal Brasileiro*, Série Atlas do Desenvolvimento Humano no Brasil 2013, elaborado pelo PNUD, o Ipea e a Fundação João Pinheiro com dados do IBGE. Disponível em: <http://www.ipea.gov.br/portal/images/stories/PDFs/130729_Atlas PNUD_2013.pdf>. Acesso em: 18 nov. 2013.

perdem assim muito espaço, e abrem-se maiores possibilidades de políticas públicas integradas de inclusão. O caminho é certo, mas precisamos de muito mais.

As políticas públicas adotadas, com os seus resultados muito positivos, se deram no quadro de um marco institucional relativamente avançado, graças à Constituição de 1988, mas com uma cultura política profundamente deformada: a máquina pública foi criada e utilizada não para prestar serviços e desenvolver cidadania, mas para administrar privilégios. Repensar as políticas públicas, neste quadro, tornou-se essencial. De certa forma, o corpo já não cabe dentro da mesma camisa, é preciso avançar. Da própria Constituição de 1988, inclusive, uma grande parte das disposições avançadas, como, por exemplo, a democratização da mídia, encontra-se parada por falta de regulamentação.

O fato de se partir da desigualdade como vetor estruturante dos nossos principais desequilíbrios não significa nos limitarmos à desigualdade de renda. Nas palavras da Carminha, como é carinhosamente chamada a autora do livro, "a desigualdade é hoje compreendida como um mosaico cada vez mais diverso e um repertório infinito de situações de destituição de direitos sociais, políticos e culturais". Isso nos leva a conceber as políticas públicas como um conjunto de iniciativas articuladas, focando o acesso ao mercado de trabalho, a segmentação urbana, as desigualdades de gênero, os desequilíbrios regionais e assim por diante.

Esta complexidade leva por sua vez a uma visão integrada das políticas, hoje setorializadas. Como afirma Carminha: "As demandas dos cidadãos e territórios estão postas de forma interconectada; quem as separa são as políticas setoriais, ao ofertar de forma fragmentada e desconexa os seus serviços, programas e benefícios". Pesquisa do Centro de Estudos e Pesquisas em Educação, Cultura e Ação Comunitária (Cenpec), por exemplo, mostra que nas áreas de elevada vulnerabilidade social a educação simplesmente não funciona: é preciso ter um mínimo de condições de segurança, de renda, de habitação e ambiente cultural para a educação fazer sentido.

Políticas integradas precisam se materializar em iniciativas articuladas e diferenciadas em territórios concretos. O problema gerado pelo êxodo rural caótico que o Brasil sofreu, essencialmente durante a ditadura, também pode ser visto como oportunidade. Nos anos 1950, havia uma ampla maioria de população rural dispersa. Hoje, com 85% da população vivendo em áreas urbanas, surge a possibilidade de políticas integradas e coerentes, em torno da ampla visão de resgate de cidadania e de elevação da qualidade de vida do conjunto da população. Ou seja, políticas que partem de grandes setores ministeriais como educação, saúde, cultura, segurança, habitação, geração de empregos e semelhantes, podem ser organizadas de forma sinérgica e diferenciada, em função das especificidades locais. "Assim, é cada vez mais comum a demanda por cidades educadoras, cidades protetoras, cidades sustentáveis. Qualificar as cidades é expressão da necessidade de humanização das relações."

A organização do desenvolvimento local integrado exige protagonismo das próprias comunidades interessadas. Sem dúvida, a própria cultura do poder político local precisa ser — e está sendo — transformada. A cultura do prefeito-cacique, da fonte luminosa, do viaduto inaugurado com pompa e sobrefaturamento está dando lugar à figura de um articulador político, econômico, social e ambiental. A figura da câmara composta de despachantes políticos que resolvem microproblemas, de forma a garantir a eleição seguinte, está sendo complementada por conselhos locais de desenvolvimento, consórcios intermunicipais, agências e outras soluções institucionais destinadas a gerar um sistema mais descentralizado e participativo na base da sociedade.

Tudo isso são embriões. A rigidez da visão setorial, a tradição das políticas centralizadas, o temor à transparência e à participação continuam sendo dominantes no sistema, o que torna justamente essencial a luta por um novo protagonismo social por parte das comunidades. A formulação da Carminha é aqui excelente: a proposta

> transforma comunidades demandantes em comunidades empreendedoras; promove alternativas para a geração de oportunidades culturais

e de trabalho aproveitando vantagens competitivas locais e as energias endógenas do território; desenvolve parcerias estreitas entre os diversos grupos de interesse (organizações comunitárias, produtores locais etc.), o governo, a sociedade e o mercado, instaurando novos valores.

Esta visão do protagonismo das comunidades leva na realidade a outro conceito de políticas públicas, menos verticalizadas e setorializadas na sua concepção, e mais interativas e integradas. Isto

> representa um desafio para as políticas públicas porque não se trata apenas de reduzir a intervenção sobre desigualdades à ideia restrita de luta contra a pobreza, mas de refundar o princípio de justiça social implícito às políticas públicas, do ponto de vista dos critérios de equidade, igualdade e redistribuição, trazendo para a cena pública o debate sobre as formas de viver em sociedade, de produzir e vivenciar o coletivo.

O protagonismo envolve evidentemente mais do que participação individual, passa pela reconstituição ou ampliação de redes sociais que permitam formas organizadas de interação. Citando uma vez mais a autora,

> é preciso que programas e serviços convertam-se em espaços públicos de vocalização e interlocução política aos cidadãos que os frequentam; convertam-se em espaço de expressão e troca de saberes. É assim que os serviços precisam envolver as redes sociais; não basta acolher o cidadão usuário.

E evidentemente a organização deste protagonismo, das formas sociais de apropriação das políticas, aponta aos trabalhadores sociais um norte mais complexo. Em particular, o trabalho social torna-se essencial para o próprio sucesso das políticas públicas, ao gerar melhor capacidade local de absorvê-las de maneira interativa. Nesta época em que estamos todos repensando as nossas cidades, esta visão vai muito além das dimensões físicas, deste "hábito perverso de deslocar para os técnicos urbanistas a competência exclusiva para pensar e propor projetos urbanos e, às empreiteiras, a tarefa de executá-los". Nos exemplos apresentados nesta publicação, inclusive, como o de um território como Cabuçu, ou de um grupo social como os jovens, confirma-se esta visão de rearticulação das diversas dimensões da vida urbana, resgate da sociabilidade, valorização da família e do convívio, reconquista da cidadania. Vejo este livro como uma ferramenta não só para trabalhadores sociais, mas também para o conjunto dos que trabalham com uma visão mais rica e equilibrada do desenvolvimento.

São Paulo, novembro de 2013.

Ladislau Dowbor
<http://dowbor.org>

INTRODUÇÃO
Trabalho social na programática da política pública

Reúno nesta publicação reflexões e práticas sobre o trabalho social — mediação indispensável na programática da política pública. Como professora na universidade em cursos de Serviço Social e, ao mesmo tempo, como profissional na gestão pública, fui me dando conta de que as novas gerações de trabalhadores sociais encontram-se pouco seguras para o agir competente na questão social tal qual se apresenta na sociedade complexa em que vivemos. De outro lado, há uma queixa recorrente com relação à baixa competência dos trabalhadores sociais em mover processos que produzam mudanças substantivas, emancipação, participação, autorias, qualidade de vida duradoura e inclusão social.

Parece que as universidades, em sua missão formativa, nem sempre têm explicitado e instrumentalizado os jovens profissionais para as urgências éticas de busca concreta da transformação da qualidade de vida daqueles para os quais se destinam os programas sociais.

Afinal, qual é a importância do trabalho social?

Costumamos dizer que é pela via do trabalho social que a política social se materializa. Ou melhor, a política social como ação do

Estado tem intencionalidades, diretrizes, planos, prevendo desenhos para a implementação das metas e resultados a serem perseguidos. Mas ela depende de processos que a concretizem no território, produzam adesão e participação dos cidadãos. A essa ação chamamos de trabalho social.

Tradicionalmente, o trabalho social referiu-se às intervenções sociais realizadas diretamente no território — "intervenção no terreno" — durante a implantação de programas sociais. Era compreendido como ação sociopedagógica que requeria a combinação de saberes múltiplos convertidos em processo, argumento, instrumentos, conteúdo e relação. Abarcava processos políticos de mobilização e, igualmente, aqueles processos clássicos ao trabalho social consubstanciados no trato psicossocial, na pedagogia emancipatória, na afetividade, no cuidado. Cumpria papel de mediação na execução de projetos sociais em âmbito local, instalando canais de comunicação e de participação entre os moradores e a política pública em implementação.

A condução do trabalho social guiava-se mais pela intencionalidade da ação que pelas técnicas utilizadas. Apoiando-me em Habermas (1989), poder-se-ia dizer que os processos priorizados invocavam muito mais uma razão comunicativa que a razão instrumental. Basta lembrar, nos anos 1960, a ênfase colocada nas metodologias de educação popular, nas experiências dos círculos populares de cultura e de alfabetização de adultos sob a influência das proposições de Paulo Freire.

Apostava-se, assim, no trabalho social como gerador de processos participativos, de reconhecimento dos aprendizados vividos e de mobilização popular, associados à transformação e à emancipação social.

No entanto, esta percepção foi abandonada acreditando-se que a expansão da política social e seus serviços criavam por si próprios os insumos para a redução das desigualdades. A razão instrumental imperou trazendo no seu bojo o controle técnico dos processos de planejamento, execução e avaliação sob a perspectiva de uma gestão pública eficiente. Sem dúvida, a oferta e o usufruto dos serviços da política pública são centrais, porém incapazes de resultar em emancipação — dos chamados pobres e excluídos — quando se operam sem mediações estratégicas nos processos de intervenção.

Na atualidade, percebe-se claramente o quanto as mediações produzidas pelo trabalho social são indispensáveis para a apropriação e o usufruto efetivo dos serviços e programas sociais priorizados pelas políticas públicas na mudança das condições de vida da população em situação de vulnerabilidade social. Por exemplo, na educação, política pública da maior importância, estamos obtendo pífios resultados no desempenho de alunos ainda no ensino fundamental.

> Os dados divulgados pelo Inep de 2011 revelavam alta reprovação e abandono escolar no 6º ano do ensino fundamental: entre as 27 unidades da federação somente 11 aprovaram, em 2010, mais de 80% dos alunos de 6º ano. Assim, a taxa de abandono, para o ensino fundamental, era de 3,1% e a dos anos finais, de 4,7%. Esse percentual concentra 669.733 alunos entre 11 e 15 anos, que desistem de seus estudos.[2] Paralelamente, no mesmo ano, 18% dos jovens adolescentes de 15 a 17 anos não frequentavam a escola e 55% do total de jovens que a frequentavam não terminaram o ensino fundamental (BRASIL, 2011c).

Esses dados permitem apontar que a mera existência de equipamentos e serviços não garante a apropriação e o usufruto efetivo da população. De fato, o acesso depende tanto dos gestores e técnicos que planejam e organizam serviços e programas, como também da-

---

2. Estudo realizado com base nos dados divulgados pelo Inep pelo economista Ernesto Martins Faria, da Fundação Lemann, publicado pelo jornal *O Estado de S. Paulo*, 8 ago. 2012, p. A16, caderno Vida.

queles que deles podem usufruir, reconhecendo-lhes a sua capacidade de assinalar obstáculos no usufruto e avaliar a qualidade ofertada. Nesse sentido, o acesso supõe uma relação de interação entre a população e as políticas públicas (COHN, 2009), tornando estratégico o papel dos profissionais que as operam. A garantia do usufruto e a permanência dos nossos adolescentes e jovens nas escolas também dependem da qualidade da relação que os serviços e operadores das políticas estabelecem com eles.

As mediações tradicionais cunhadas pela gestão eficiente tornaram-se inócuas. Segundo Faria (2009), passaram a ser necessárias mediações estratégicas construídas "como um meio de socialização e integração societal dos indivíduos em situações consideradas socialmente críticas" (VERRET, 1979, apud FARIA, 2009, p. 51).

Os novos desafios postos ao trabalho social também são resultado de mudanças maiores na conjuntura brasileira e no cenário internacional, como veremos no capítulo Novos contornos da gestão social contemporânea. As conjunturas mudaram. A sociedade tornou-se mais urbana e complexa; a própria configuração da questão social alterou-se num mundo globalizado, e os desenhos e os arranjos da política social ganharam maior complexidade.

As consignas inscritas em nossa carta constitucional (descentralização, territorialização da política, autonomia dos serviços e participação deliberativa da sociedade...) produziram mudanças na condução e gestão da política pública. As novas demandas da sociedade e, sobretudo, as novas configurações da questão social passaram a exigir mediações mais estratégicas, operadas pelo chamado trabalho social.

A intersetorialidade, por exemplo, é uma consigna que impõe nova arquitetura da gestão social pública e, sobretudo, da mediação do trabalho social. As demandas dos cidadãos e territórios estão postas de forma interconectada; quem as separam são as políticas setoriais ao ofertar de maneira fragmentada e desconexa os seus serviços, programas e benefícios. Ao derrubar as fronteiras setoriais, pode-se reconhecer o quanto as políticas e seus serviços carecem de complementaridades multissetoriais e precisam da participação do cidadão e da sintonia com as várias redes sociais presentes no território.

É por esta via que o trabalho social ganha novos significados, pois, ao potencializar a ação integrada, volta-se para a totalidade, sem se restringir apenas ao foco setorial ou à necessidade específica. Por exemplo, não focaliza somente a moradia, sob pena de não garantir sua plena apropriação, com inserção das famílias na malha sociocultural e econômica territorial.

O trabalho social tornou-se estratégico para promover a retotalização da ação da política pública, sua articulação e protagonismo do cidadão. Insisto, portanto, em que o trabalho social alavanca e processa ações que possuem características específicas de mediação entre um bem ou serviço ofertado pela política pública e seu uso e fruição pelo beneficiário final; são ações operadas na transversalidade de qualquer das chamadas políticas públicas.

Sem dúvida, essas são algumas das razões por que estamos agora a revalorizar estratégias do trabalho social na implementação e operação de programas sociais voltados a produzir resolutividade, desenvolvimento de capacidades e indução a mudanças.

Entretanto, outra razão encontra-se no fato de que, na atualidade, temos uma visão mais alargada e viva da própria noção do território. É necessário fortalecer a compreensão de que os serviços estão no território, pertencem à comunidade e, portanto, devem operar de forma integrada e articulada aos vários sujeitos e espaços de convivência, interlocução e aprendizagem existentes, com o propósito de ampliar e otimizar as oportunidades de pertencimento e inclusão social de seus habitantes.

Este resgate coopera para a ideia de que o trabalho social deve incorporar uma agenda de desenvolvimento do território, integrado e sustentável. Sinaliza para a necessária articulação de ações e protagonismos no território de forma a provocar impactos na circulação da economia, na geração de trabalho e de renda, na valorização do meio ambiente, na melhor qualidade de vida de sua população, no adensamento da esfera pública e no exercício do controle social.

Nesta perspectiva, o trabalho social instaura processos que partem de identidades, vocações e contextos locais, possibilitando a máxima participação e autoria dos seus grupos, ao intervir com novos e velhos princípios centrados no e com o território, na ação integrada e intersetorial e no fortalecimento de aportes culturais e vínculos sociorrelacionais.

Assim, agindo transforma comunidades demandantes em comunidades empreendedoras; promove alternativas para a geração de oportunidades culturais e de trabalho, aproveitando vantagens competitivas locais e as energias endógenas do território; desenvolve parcerias estreitas entre os diversos grupos de interesse (organizações comunitárias, produtores locais etc.), o governo, a sociedade e o mercado, instaurando novos valores.

O Brasil é conhecido por ser um celeiro de inovações no campo das tecnologias socioculturais, contidas no trabalho social. Os arranjos que constrói incorporam-se às políticas como condição da sua implementação e desenvolvimento. Volta-se, sobretudo, a trazer os saberes dos grupos envolvidos na sua operação ou no seu usufruto, e a instalar canais de comunicação e participação entre os cidadãos de um território e a política pública em implementação.

Retomando em novas sínteses, a ressignificação da ação socioeducativa e cultural — núcleo duro do trabalho social — se dá porque é trabalhada na transversalidade das políticas públicas. A ação socioeducativa e cultural apresenta-se como um mosaico de enorme riqueza voltada tanto à implementação da política social no território, quanto para ampliar repertório cultural, fortalecer identidades, desenvolver participação, fortalecer o tecido social, desenvolver a fluência comunicativa, pressupostos metodológicos que emergem nas experiências aqui apresentadas.

O trabalho social agrega, portanto, processos de inclusão e emancipação social, exigidos à condução da política pública contemporânea. Fortalece-se assim como metodologias e processos que movimentam a política social, integrando ingredientes estratégicos de gestão para processar a ação pública no território:

- Trazendo os saberes populares e possibilitando a conversa mais profícua entre estes e o saberes técnicos, tecnológicos e burocráticos próprios dos serviços.
- Identificando e envolvendo as redes sociais presentes no território na conformação mesma da política e em suas intervenções.

- Assegurando a participação e a construção de confiança social na questão pública.

Mas também fortalecendo vínculos, pois a escassez ou limitação das relações sociais é um dos componentes da vulnerabilidade social, que solapam as oportunidades de acesso às condições de cidadania. Um cidadão ou grupo social é vulnerável quando possui poucos vínculos e conexões no microterritório que habita, na cidade e mesmo fora da cidade. Um cidadão com maiores vínculos, para além das suas condições de renda e moradia, está mais potente para caminhar com autonomia.

Nesta concepção, é preciso fortalecer o tecido social dos grupos, comunidades e territórios. Por isso mesmo é necessário agir na própria política social. Uma política social que se desenhe na sua inteireza, pelo prisma da multissetorialidade, com forte protagonismo do Estado, mas também da sociedade civil. Há um inegável contributo das políticas sociais no desenvolvimento social e humano, no enfrentamento da pobreza e das desigualdades que assolam o país. É absolutamente prioritário buscar com total radicalismo a maior efetividade e equidade da ação pública.

Os aportes socioeducativos e culturais conformam-se como grandes estratégias que podem alavancar mudanças desde dentro do próprio coletivo aprisionado nas garras da desigualdade social.

Reafirma-se nesta direção que o trabalho social constitui-se em uma cadeia de processos que mobilizam a participação dos cidadãos, comunidades e territórios ao longo do ciclo da gestão. Está presente na negociação da política pública junto aos seus potenciais usuários; refere-se aos processos de implementação e aos objetivos últimos voltados à proteção social e desenvolvimento de capacidades dos cidadãos usuários das diversas políticas públicas; e envolve ações de monitoramento e avaliação da cobertura e qualidade da oferta de serviços, programas e benefícios.

Movimenta, por isso mesmo, processos e ações multidimensionais, combinando saberes múltiplos e transdisciplinares, potencializando o agir público ao arrancar cada ação do seu isolamento e assegurar uma intervenção agregadora, totalizante e inclusiva. Este é o seu potencial como processo de mediação.

Nessa compreensão, o trabalho social se compõe de um conjunto de processos e estratégias de informação, mobilização, advocacia social, organização e participação da população, articulado a um conjunto de metas e ações que promovam tanto resultados e ganhos de inclusão via acesso a serviços básicos fundamentais, como também o desenvolvimento de capacidades substantivas dos sujeitos.

É fundamental lembrar que, quando os nossos cidadãos em situação de vulnerabilidade social possuem precário ou mesmo nulo acesso a serviços públicos que as políticas públicas ofertam no campo da saúde, habitação, educação, cultura etc., são privados também do desenvolvimento de suas capacidades substantivas. São destituídos igualmente de frequentar os espaços e fóruns públicos de interlocução política, o que também os impedem do uso real de suas liberdades substantivas (Sen, 2000). Não possuem voz e vez na expressão política de seus interesses e demandas. Há uma redução de oportunidades para acumular capital social e cívico.

Pensar desta forma o trabalho social implica destacar seu significado ético de realimentação do sentido da ação, que se quer pública. Por isso mesmo seu compromisso e seu olhar centram-se, de um lado, na busca de um agir mais denso no enfrentamento das enormes e persistentes desigualdades sociais do nosso mundo contemporâneo, e, de outro, no fortalecimento da participação e na construção da confiança social pública sobre as intervenções de um Estado social, que assegure direitos.

Enfrentamento das enormes e persistentes desigualdades sociais

Em que pese os avanços vivenciados pelo Brasil e por nossa região em termos de redução da extrema pobreza e das desigualdades de renda, vivemos uma hegemonia planetária do capitalismo que, movido por uma acumulação sem fim, engendra destituição também sem fim. Não é por acaso que na edição do 20º aniversário da criação do Índice de Desenvolvimento Humano, o Programa das Nações Unidas lançava o seu relatório anual de 2010, *A verdadeira riqueza das nações*, revelando que, nos últimos 40 anos, o crescimento econômico não se desdobrara, necessariamente, em desenvolvimento humano, e que nos últimos 30 anos, para cada país onde a desigualdade diminuiu, aumentou em outros dois países (PNUD, 2010).

As condições de privação e destituição de direitos dos imensos contingentes populacionais são apresentadas, cada vez mais, como um conjunto fragmentado de desigualdades, no que se refere às disparidades de renda, ao precário acesso ao mercado de trabalho, caracterizado por uma profunda diferenciação entre setores de alta e baixa qualificação, à segmentação urbana e às disparidades em relação aos serviços básicos fundamentais e à cidade, bem como às desigualdades de gênero, entre gerações, de etnia e de acesso às oportunidades no usufruto da riqueza material e imaterial socialmente produzida. Ou seja, a desigualdade é hoje compreendida como um mosaico cada vez mais diverso e como um repertório infinito de situações de destituição de direitos sociais, políticos e culturais.

Contudo, além da sua fragmentação, François Dubet alerta para a tendência de responsabilização do indivíduo pela condição de sua destituição, como se fosse resultado de contingências individuais e não mais percebida como consequência de um sistema social que afeta o coletivo. No novo contexto societário,

> as desigualdades são menos caracterizadas para o sujeito como estruturais e mais como derivadas da impossibilidade individual de valer-se das oportunidades, de acessar e usufruir com sucesso as riquezas e bens societários [...] Esta percepção generalizada tende a diluir as lutas coletivas em provas pessoais (DUBET, 2001, p. 13).

De fato, a sociedade deflagra enormes contradições com efeitos perversos. Ao lado de cidadãos fortemente interconectados e integrados, há os extremamente vulnerabilizados em seus vínculos relacionais de inclusão e pertencimento. Uma sociedade que produz o que Castel (2009) denomina *indivíduos por excesso* e *indivíduos por ausência*, ao retratar a dicotomia de uma sociedade erguida a partir da relação de abundância e escassez; onde convivem a altíssima produtividade e geração de riquezas apropriada por poucos e a manutenção da pobreza que se espalha por maiorias populacionais. O que, de fato, temos é um mundo globalizado que não eliminou as desigualdades sociais, mas, ao contrário, acirrou-as.

Embora os estudos internacionais (FORSÉ e GALLAND, 2011) revelem que as pessoas se sentem vivendo em sociedades injustas, com crescimento progressivo das desigualdades, para Rosanvallon (2011), este sentimento vem acompanhado do que denomina como "aceitação não formulada" de suas múltiplas expressões e uma "surda resistência" a corrigi-las praticamente. E este imaginário está presente nas categorias profissionais que intervêm no social. O agir mais qualificado sobre as desigualdades exige dar consistência à ação, tornando visíveis as novas configurações, tensões e contradições que se expressam nas condições de vida da população e nos seus níveis de acesso ao bem-estar social.

Isso representa um desafio para as políticas públicas, porque não se trata apenas de reduzir a intervenção sobre desigualdades à ideia restrita de luta contra a pobreza, mas de refundar o princípio de justiça social implícito às políticas públicas, do ponto de vista dos critérios de equidade, igualdade e redistribuição, trazendo para a cena pública o debate sobre as forma de viver em sociedade, de produzir e vivenciar o coletivo.

Pressupõe-se, portanto, incorporar outra dimensão vital à noção de justiça social, pois, como afirma Fraser (2009), nos acostumamos a pensar que as disputas acerca da justiça social deveriam acontecer sempre se referindo às relações entre cidadãos e à exigência de reparações. Esta consigna se aplicava para cada um dos grandes tipos de reivindicações por justiça — reivindicações por distribuição socioeconômica e reivindicações por reconhecimento legal ou cultural à diferença.

Entretanto, é fundamental fortalecer a dimensão política da justiça que interpela os sujeitos e os processos, e que diz respeito à representação e à participação. A justiça requer arranjos sociais que permitam que todos participem como sujeitos legítimos na vida social. "A dimensão política está implícita na gramática do conceito de justiça e, certamente, é por ela requerida. Assim não há redistribuição ou reconhecimento sem representação" (FRASER, 2009, p. 25).

Participação e construção da confiança social pública

Nesta perspectiva, o grande desafio é assegurar a participação do cidadão, de forma a mover uma ação com maior efetividade no campo dos serviços públicos que requerem uma gestão de proximidade.

A participação e a própria efetividade da política social dependem de ganhos de confiança pública; ou seja, do conhecimento e da adesão dos cidadãos e, igualmente, das redes sociais com as quais partilha seu cotidiano de vida. Quando a confiança social está perdida, o serviço público perde igualmente seu atributo principal que é o de qualificar a cidadania, processando inclusão e atenção emancipadora. Como afirma Teixeira (2003), a confiança é a própria potência, a própria força ou o trampolim que nos impulsiona mais adiante.

Entretanto, há nos tempos atuais uma dupla tensão na operação de programas e serviços públicos.

Por um lado, os serviços se situam em cidades fortemente urbanizadas onde as relações de proximidade parecem esfaceladas e reduzidas. Neste caso, o Estado, pela via de suas instituições, programas e serviços, tem aí um papel importante no fortalecimento de relações de reciprocidade e proximidade que os cidadãos vivenciam para mover suas relações cotidianas. Os processos de urbanização parecem ter solapado a existência da dimensão mais comunitária. No entanto, é possível dizer que as comunidades se recriam com novas expressões, mantendo o seu sentido mais substantivo: a comunidade se faz na forma de redes sociais e vínculos relacionais de proximidade que ocorrem no território de moradia ou em territórios de vida que extrapolam esse da moradia. Esta é a diferença num mundo de alta mobilidade e conexões virtuais, não só presenciais (Costa, 2005a). Solidariedade, vizinhança e parentesco são apenas alguns entre os muitos padrões possíveis das redes sociais que mobilizam o fluxo de recursos entre inúmeros indivíduos, e que os programas e serviços públicos devem reconhecer, fortalecer e integrar na sua programática de intervenção.

Por outro lado, quase sempre, os serviços não reatualizam a pauta de interesses, necessidades e reivindicações das pessoas. O agir público torna-se perverso quando ignora ou neutraliza a dimensão pública dessa pauta; despolitiza as demandas do "pobre", reduzindo-o à pessoa portadora de carências e vulnerabilidades. Nessa condição, a ação transmuta-se em tutela, não garantindo ao atendido a voz e a vez na interlocução institucional — arena pública de acolhimento de demandas de cidadãos. É preciso que programas e serviços convertam-se em espaços públicos de vocalização e interlocução política aos cidadãos que os frequentam; convertam-se em espaço de expressão e troca de saberes. É assim que os serviços precisam envolver as redes sociais. Não basta acolher o cidadão usuário.

Para enfrentar estas tensões, nenhuma política social escapa da adoção de processos de mediação consubstanciados em práticas socioeducativas e socioculturais. Aportes socioeducativos e culturais incorporaram-se na agenda da política e dos serviços para obter aproximação, diálogo e engajamento de comunidades, territórios e beneficiários. Desta forma, as mediações produzidas pelo trabalho social tornam-se imprescindíveis, na contemporaneidade, para se processar confiança social e participação.

Por fim, é importante retomar a busca pela humanização das políticas e dos serviços que se tecem no âmbito das cidades. Isto porque a economia de mercado na sociedade contemporânea tem obscurecido, e mesmo apagado, todos os valores que não os de monetarização das trocas e oferta de bens e serviços materiais. Estamos impregnados da economia de mercado, em que as atividades gratuitas, de convivência cooperativa — que permitem evitar ou limitar uma parte dos efeitos da violência, pobreza, exclusão persistentes — não são computadas como crescimento da riqueza social da cidade porque não são monetarizadas (VIVERET, 2002).

O debate sobre valores está hoje no âmago das concepções, decisões e desafios da ação pública no território e na cidade. Quer-se uma cidade acolhedora que abrace seus cidadãos em seus circuitos de pertencimento e inclusão.

Não é por acaso que falamos hoje em "cidade educadora, protetora, sustentável". Estes termos sinalizam valores que se quer como guias/princípios da vida coletiva na cidade. Estes qualificantes não se expressam apenas por indicadores de melhoria das condições de vida e, menos ainda, pelo tamanho e diversidade da rede de serviços de educação, saúde e proteção social que a cidade oferece. Expressam-se por valores e compromissos assumidos e exercidos coletivamente.

São estas as questões que pretendemos refletir neste livro.

É com a intenção de apoiar os trabalhadores sociais, que reúno aqui um conjunto de reflexões e práticas realizadas no campo da política pública em âmbito nacional, particularmente as de assistência social, educação e habitação de interesse social. Nesta publicação, quero um diálogo próximo e profícuo entre a prática e a teoria. Assim começo a reflexão, apresentando algumas referências gerais: situo inicialmente o significado das políticas públicas, seus novos desenhos, tendências e a busca por novas arquiteturas de gestão pública do social.

Retomo os desafios da política de assistência social e os chamados maiores sujeitos na condução da política social: cidadão, família e território. Cerco a narrativa com o relato de novas práticas de trabalho social.

Por fim, retomo o trabalho social na sua concretude, a formação do trabalhador social e metodologias de trabalho social.

PARTE I

Bases teóricas e programáticas

Novos contornos da gestão social contemporânea

A gestão social funda-se na concepção de um Estado social de direito e, portanto, comprometida com a cidadania de todos os cidadãos de uma nação. Ancora-se em princípios constitucionais que dão forma e conteúdo às políticas, aos programas e aos serviços públicos, reconhecendo o Estado como autoridade reguladora das ações públicas.

Nesta perspectiva, a gestão social[1] tem significado abrangente, não se reduzindo apenas à gerência técnico-administrativa de serviços e programas sociais. Refere-se fundamentalmente à governança das políticas e programas sociais públicos; à qualidade de bem-estar ofertada à nação e à cultura política impregnada ao fazer social. Opera a partir das prioridades inscritas na agenda política, garantindo processos de adesão dos sujeitos sociais implicados, bem como qualificando os processos de tomada de decisão e de implantação de políticas e programas sociais.

A concepção aqui assumida guarda um sentido retotalizador do conjunto de variáveis, constrangimentos, oportunidades, processos e

---

1. Usualmente a expressão gestão social pública é aplicada tanto à gestão social de iniciativas do Estado quanto àquelas oriundas da sociedade civil pela via de suas organizações e movimentos sociais com caráter público não estatal.

projetos políticos que dão direção e forma à gestão das ações sociais públicas. A gestão social tem, assim, como matéria-prima, as políticas públicas, seus elementos constitutivos (o fazer político, a mobilização social, o investimento público e a regulação estatal), bem como seus desdobramentos: programas, benefícios, serviços e projetos. *A gestão social reflete, assim, as tendências na intencionalidade e desenhos da política pública; acompanha os tempos e as demandas da sociedade a que serve.*

De certa forma, as políticas públicas são o Estado em ação; funcionam como filtros redistributivos de proteção social e desenvolvimento de seus cidadãos. No desenho e no conteúdo da política social, voltam-se as maiores expectativas por redução das desigualdades, enfrentamento da pobreza e oportunidade efetiva de inclusão social de grande parcela de sua população.

No entanto, para entender os novos contornos necessários à gestão social contemporânea e os desafios postos para as políticas públicas, é preciso compreender as profundas mudanças que ocorreram no mundo, a partir da última metade do século passado.

A política social mudou, o mundo mudou, a gestão pública mudou!

O mundo onde habitamos é formado por uma sociedade complexa tecida pela velocidade das mudanças, por avanços tecnológico-científicos ininterruptos e por uma variedade e quantidade cada vez maiores de redes sociais ativas na definição de agendas e comportamentos políticos, sociais e culturais.

Os processos de globalização da economia, da informação, da política, da cultura varreram fronteiras, engendrando um tecido societário complexo, interconectado, mas também fragmentado e enlaçado em microidentidades. A globalização pavimentada pela economia de mercado e pela democracia liberal fez emergir a ideia de interconexão e integração, ao mesmo tempo que reforçou a fragmentação e a segregação entre regiões, países, setores da economia, segmentos populacionais etc. Como aponta Milton Santos (2001, p. 19), a globalização como *fábula* representa o ápice do processo de internacionalização do mundo capitalista: "é como se o mundo se houvesse tornado, para todos, ao alcance da mão". Mas as condições concretas da sua produção revelaram uma globalização como *perversidade*, pois se acirraram as exclusões, as segmentações e os separatismos.

Os processos de globalização econômica e o acirramento da competitividade introduziram novas compressões para os Estados-nação (expressas na queda da taxa de crescimento, aumento do desemprego, déficits públicos, pressões internacionais por políticas de ajuste fiscal, liberalização dos mercados e desregulamentação estatal), alterando os padrões de proteção social assegurados nas chamadas décadas gloriosas do pós-guerra.

Foi se configurando, assim, uma nova interdependência entre a escala global e local, especialmente no campo da política econômica e social, com a formação de blocos econômicos e a pressão de organismos multilaterais sobre as economias nacionais, e um movimento interno de descentralização, flexibilização e fortalecimento da sociedade civil para compor um novo pacto e condições de governabilidade. De fato, no contexto de globalização, as apostas foram para o local no sentido da otimização das oportunidades dos municípios para gerar desenvolvimento econômico e social, a partir de suas potencialidades endógenas.

As crises financeiras internacionais dos anos 2000 evidenciaram, claramente, como as chances de vivermos bem dependem não apenas da ação nacional no interior de cada Estado, mas também de processos que transpassam as fronteiras nacionais. Para Robert Castel (2009, p. 14) "o período que estamos a atravessar marca o fim da hegemonia do Estado nacional social", o que revela um novo tipo de vulnerabilidade perante as forças transnacionais. As nossas economias dependem cada vez mais da ação das corporações transnacionais, dos especuladores financeiros internacionais e dos grandes investidores institucionais.

Isto se revela também no que Castel (2009, p. 41) denomina como déficit das instituições internacionais, que perderam o poder de impor reais proteções em face da concorrência que se desenvolve em escala planetária, sob a égide de um capitalismo financeiro internacional. As organizações multilaterais que têm um caráter supranacional reconhecem que seu poder político é limitado (frágil) para liderar decisões políticas globais que continuam a caminhar de forma tímida e ambígua.[2]

A reestruturação produtiva e a financeirização da economia representaram uma ruptura com a sociedade salarial, que parecia conquista irreversível no período de pós-guerra. Vimos crescer progressivamente o setor de serviços com a introdução de novas variantes em torno do trabalho: trabalhadores autônomos, empregos em meio período, trabalho em domicílio, *on-line* etc. Mas, como afirmam Negri e Lazzarato (2001), houve uma mudança substantiva, pois com a financeirização da economia, a produção de riqueza dispensa, cada vez mais, o trabalho assalariado, produzindo uma nova composição na relação entre trabalho material e imaterial.

> O trabalhador hoje não precisa mais de ferramentas de trabalho (ou, seja, de capital fixo) que sejam postas a sua disposição pelo capital. O mais importante, capital fixo, aquele que determina os diferenciais de produtividade, doravante está no cérebro das pessoas que trabalham: é a máquina — ferramenta que cada um de nós traz em si. É essa a novidade inteiramente essencial à vida produtiva (Negri e Lazzarato, 2001, p. 26).

Mas o trabalho imaterial e a predominância da economia de serviços, num contexto de empregos e atividades cada vez mais he-

---

2. Relatório produzido por 19 especialistas de diversos países, patrocinado pela Universidade de Oxford, *Now for the long term*, assinala que a maioria destas instituições opera, segundo arranjos geopolíticos do século XX, com sérias deficiências. Países com papel decrescente retêm poder desproporcional. O número de países quadruplicou desde a constituição dos organismos multilaterais no pós-guerra, além da ascensão das ONGs à mesa de negociação. A reforma das instituições de governança do século XX já passou da hora (*OJESP* 17 nov. 2013, p. A25/Internacional).

terogêneos, que nem sempre garantem o vínculo de proteção social ao trabalhador, estão a produzir não só novas formas nas relações de trabalho, mas também um novo tipo de vulnerabilidade, pois como afirmam Negri e Lazzarato (2001, p. 28), nesta modalidade a ferramenta de trabalho é o cérebro, é uma ferramenta encarnada, porque o homem é um todo; o cérebro faz parte do corpo e em tudo o que pertence ao "sentir". Estas novas configurações no mundo do trabalho, quando desvinculadas do trabalho formal, representam novas formas de precarização da proteção social e a pulverização dos canais tradicionais de luta e de conquista de direitos dos trabalhadores, tradicionalmente organizados via sindicatos e fábricas. Desta forma, o trabalho perdeu sua força de agregação coletiva e segurança protetiva (CASTEL, 2009).

Hoje nos deparamos com uma sociedade na qual o indivíduo ganhou primazia sobre o coletivo. Como afirma Bauman (2008, p. 31):

> O emergir da individualidade assinalou um progressivo enfraquecimento, a desintegração ou destruição da densa rede de vínculos sociais que amarrava com força a totalidade das atividades da vida. Assinalou também que a comunidade estava perdendo o poder — e/ou interesse — de regular normativamente a vida de seus membros.

Nos tempos atuais, o indivíduo e nele a utopia do consumo, da técnica, da informação tornaram-se referência. Nesse caldo, ganharam significado os microdiscursos em detrimento das grandes teleologias sociais; os projetos individuais, particulares, de minorias, em detrimento de expressões coletivas, de classes sociais, de maiorias. A ação política foi contaminada, também, pela fragmentação dos interesses.

É neste veio que emergem novas modalidades de ação coletiva, como os movimentos/atores de defesa ecológica, de defesa de minorias, de defesa dos consumidores, entre outros, que expressam características pluralistas, porém, fragmentadas e particularistas. O paradigma liberal dos direitos humanos se converteu em consigna na promoção dos direitos, mas com ênfase na liberdade individual, obscurecendo valores como o bem comum, o próximo e a natureza.

A biossociabilidade emerge, neste contexto, como a mais forte mediação das sociabilidades, fundamentada no princípio do cuidado de si como primeira necessidade e como motor de organização das práticas sociais. O culto ao corpo substitui referências anteriores de cuidado com o próximo e altera as formas de convívio dos dias atuais. A sociabilidade emergente é apolítica e individual. Exprime o desejo de os indivíduos se manterem conectados sem que os vínculos aí estabelecidos ameacem sua individualidade.

Promete-se ao indivíduo, por meio do mercado, reinventar identidades e sentidos de pertencimento social, no interior de sociedades cada vez mais complexas e globais. A profunda revolução nos meios de comunicação acabou por provocar uma mudança determinante na forma de interação entre os indivíduos, no modo como cada um poderia interagir e estar em contato com outros ao seu redor. Mas como afirma Gilberto Dupas (2003, p. 17), a ideia de conexão, não necessariamente, tem derivado no fortalecimento da dimensão coletiva. Contrariamente:

> Num mundo totalmente estruturado em redes (*networks*) pelas tecnologias da informação, a vida social contemporânea passa a ser composta por uma infinidade de encontros e conexões temporárias. O projeto é a ocasião única e o pretexto da conexão; os indivíduos que não têm projetos e não exploram as conexões da rede estão ameaçados de exclusão permanente, já que a metáfora de rede torna-se progressivamente a nova representação da sociedade [...]. A identidade política universalista, a qual correspondia o conceito de cidadania, diluiu-se e fragmentou-se, permitindo a proliferação de identidades coletivas não somente particulares, mas parceladas e truncadas.

Esses processos societários derivaram, para François Dubet (2001), no deslocamento das tensões sociais para a cidade: não são os sindicatos dos trabalhadores, mas, sobretudo, as organizações da sociedade civil e os movimentos sociais que protagonizam as lutas sociais, tomando como foco central a arena urbana.

Neste contexto, precisa ser entendida, também, a progressiva exacerbação dos processos de segregação residencial nas grandes cidades que produzem o isolamento social dos mais pobres, decorrentes também das transformações nos mercados de trabalho e nas estruturas de oportunidades (KATZMAN, 2001). E o isolamento também dos mais ricos, que dispensam cada vez mais o espaço público por meio do desenvolvimento dos bairros fortificados (CALDEIRA, 2003). Esta segregação revela a crise de legitimidade das decisões e espaços públicos e a pulverização dos interesses coletivos.

E são, justamente, nestas novas condições, que se gestam os novos modos de processar e fazer política.

Há um descompasso entre essas novas condições de organização da sociedade contemporânea e a forma tradicional com que se organizam as políticas e os serviços públicos. A individualização da vida urbana provoca uma crise na concepção, na gestão e no funcionamento de equipamentos e serviços públicos, que são confrontados pela segmentação dos mercados, cada vez mais flutuantes e desafiados diante da diversificação e complexificação das demandas sociais.

Tomemos, como exemplo, os dilemas de mobilidade dos grandes centros urbanos. A crise no modelo do transporte público significa, além dos evidentes problemas vinculados à falta de investimentos massivos no transporte coletivo e à apropriação desigual da cidade, uma crise na própria concepção do modelo instituído até agora. Ao ser concebido e estruturado segundo os moldes do modelo fordista (que pensava nos deslocamentos pendulares entre domicílio e trabalho), não responde mais aos padrões de locomoção das cidades atuais, onde os cidadãos se deslocam cada vez mais (entre os vários trabalhos, entre o trabalho e estudo etc.), em todos os sentidos, em diferentes horas do dia e da noite.

As tradicionais políticas públicas, pautadas num modelo de gestão centralizado e setorial, já não oferecerem respostas satisfatórias às demandas dos cidadãos. Estão, portanto, segundo Dubet (2001), ameaçadas na sua legitimidade ideológica.

O modelo tradicional de gestão fica obsoleto diante das transformações sociais, da crescente complexidade da questão social que se expressa na diversidade de problemas nos ciclos de vida da população; nas barreiras no acesso à estrutura de bem-estar da sociedade; na eclosão de diversos arranjos familiares e domiciliares; na existência cada vez mais diversa de itinerários de socialização; nos processos de segmentação residencial e social, bem como nos processos de individualização social.

Apesar de permanecer a centralidade da política pública no seu princípio fundamental de reversão das situações de desigualdade, é urgente a construção de uma nova agenda de políticas de inclusão, orientadas a debilitar os fatores geradores de dinâmicas produtoras de desigualdade e vulnerabilidades sociais e a promover a inserção social em suas múltiplas dimensões (Gomà, 2004).

Novos e velhos constrangimentos para a gestão social

Nos últimos 20 anos, o Brasil passou por enormes avanços na implementação das políticas públicas. A nova Constituição de 1988 foi de fato um novo marco republicano e de afirmação de políticas fundadas no reconhecimento dos direitos de cidadania. Desta forma, as necessidades e as demandas dos cidadãos foram reconhecidas como legítimas, constituindo-se em direitos e apresentando-se como fundamento da política pública.

A partir da década de 1990, o país passou por um processo de forte institucionalização das políticas sociais e de suas formas de organização e gestão; desde a promulgação de leis infraconstitucionais até a criação dos diversos sistemas nacionais de ordenação da gestão das ações públicas, parametradas na regulação e obediência ao pacto federativo e reconhecimento dos direitos do cidadão (Loas, LDB, ECA, SUS, Suas etc.).

Também ganhou velocidade a implementação dos mecanismos propugnados em lei na garantia de participação e gestão compartilhada que, objetivando assegurar maior participação da sociedade nos fóruns de decisão, instituíram, entre outras medidas, conselhos nas diversas políticas públicas, com participação paritária entre governo e sociedade civil, para decisão e controle social sobre as ações da política.

No processo de descentralização, o município assumiu papel central na implementação e oferta dos serviços sociais públicos básicos de direito dos cidadãos (saúde básica, educação infantil e fundamental, assistência social...). A aposta e o reforço aos processos de descentralização e municipalização estavam ancorados nas ideias de democratização da gestão pública, compromisso com a maior equidade no acesso e usufruto dos serviços emanados das políticas, e participação proativa da sociedade civil, compondo, assim, um novo pacto e condições de governabilidade.

Isto resultou em avanços na universalização do acesso e fruição de serviços básicos, principalmente nas políticas de educação e saúde. Assim, o Brasil passou de uma taxa de matrícula na educação primária de, em média, 80% no final dos 1980 para 98% em 2012, e uma taxa de mortalidade infantil de crianças menores de 5 anos de 60,1 por mil, nascidos em 1991, para 27,6, em 2009 (Cepal, 2012).

Entretanto, o processo de avanços depara-se com velhos e novos constrangimentos.

Embora o cidadão brasileiro tenha maior consciência de seus direitos, convive num contexto de voraz consumo e de supremacia de valores de promoção e satisfação individuais, fato que impacta na própria política pública a ele destinada. Na América Latina, a inédita redução da pobreza, num contexto mundial de recrudescimento, tem derivado no mito do crescimento das classes médias e aumento da sua capacidade de consumo. No Brasil, a análise da evolução do mercado de trabalho, realizada por Marcio Pochmann (2012), revela que, diferentemente da década anterior, na década de 2000 o emprego e o emprego formal cresceram. Entretanto, o aumento se deu, particularmente, nos empregos com rendimentos que não superam os dois salários mínimos. Esta constatação exige uma reflexão sobre o significado da aquisição de novas capacidades de consumo em sociedades como as nossas, nas quais ainda permanecem as fraturas e as desigualdades estruturais, com imensas disparidades de renda, brutal segmentação dos mercados de trabalho e destituição de direitos básicos de cidadania.

De fato, embora tenhamos avançado, estamos longe da garantia efetiva de igualdade, e as expressões da desigualdade econômica, social, política e cultural existentes no país expressam a enorme dívida social acumulada.

Não completamos o dever do século XX enquanto aspiração de uma sociedade de bem-estar e já enfrentamos o século XXI, que traz à tona uma sociedade complexa com novas expressões da questão social. A cidadania de todos, como conquista civilizatória, mantém-se na pauta das lutas políticas; é que as desigualdades sociais não desapareceram e continuam a ser a expressão mais concreta da permanente tensão e presença do grau de destituição de direitos existente no país.

Por outro lado, muitos estudiosos contemporâneos da América Latina[3] têm constatado que estamos instaurando não mais um Estado de bem-estar social, mas um Estado que prioriza a assistência dos grupos em situação de pobreza, sujeitos a toda sorte de vulnerabilidade social. Afirma-se, assim, uma política de proteção social — e nela a assistência social tem prioridade absoluta — constituída por um conjunto de transferências e prestações não contributivas distintas das prestações contínuas dos serviços sociais básicos. Nesse sentido, apontam um descompasso entre as transferências não contributivas e o investimento social nas instituições que ofertam os serviços públicos prescritos pelas políticas. Há uma clara opção pela distribuição dos recursos orçamentários do Estado, na forma de transferências

---

3. Ao esse respeito, pode ser consultado o estudo realizado por FRANZONI, Juliana Martínez. *Regímenes de bienestar en América Latina*. Madri: Fundação Carolina/CeALCI, 2007.

monetárias ao cidadão, sem um equivalente proporcional para a expansão e a manutenção da qualidade dos serviços sociais públicos.

Na borda ou periferia da substância do serviço, continua-se exaltando a inovação dos serviços por meio de novas metodologias, de sistemas de informação ultrassofisticados e de formações continuadas, sem tecer as mediações necessárias com um aspecto essencial da política: o enfrentamento das desigualdades, a busca da equidade e da qualidade para todos. Este é talvez o maior risco do ponto de vista da gestão: a falta de efetividade da política social e a ausência de inovação substantiva.

Apesar de termos iniciado um processo descentralizador e municipalizador, com características democráticas e participativas, isto não representa ainda um avanço consolidado. A heterogeneidade de municípios num país de tamanho continental, com profundas desigualdades regionais, com ausência de competências locais adequadas[4] e presença ainda enraizada de oligarquias e nepotismos revela uma descentralização com claras dificuldades de reconhecimento e fortalecimento do pacto federativo brasileiro. O processo de descentralização, num contexto de globalização da economia, gerou novas relações de interdependência, fluxos, potencialidades e desafios. O município ganhou relevância, porém o crescimento progressivo das cidades num contexto de alta desigualdade fez emergir a discussão das questões urbanas e o papel do território. Território não apenas como espaço jurídico administrativo para a cidade e para as políticas, mas também como chão e referência necessária e estratégica para pensar a gestão social.

De outro lado, apesar de termos avançado na constituição dos conselhos paritários para decisão e controle do desempenho das políticas públicas, observa-se que a prática tem fortalecido uma postura corporativista que se distancia da função mais nobre dos conselhos,

---

4. Alguns diagnósticos sugerem, inclusive, a existência de municípios inviáveis que dependem totalmente de transferências estaduais e federais para sobreviverem como instância federativa.

de zelar pelo bem público e pela redistribuição equitativa das oportunidades da política pública.

No contexto territorial, as organizações sociais possuem enorme relevância no arranjo e gestão das políticas sociais, ancorado na parceria Estado, sociedade civil e iniciativa privada. Parcerias de cunho público-privado vieram (por *n* fatores dos quais o déficit público é o mais nomeado) para ficar no novo modelo implementador e operador dos serviços da política pública. Há aqui, sobretudo no campo das políticas sociais, enormes resistências; neste caso, constata-se uma nostalgia em relação à função executora do Estado. Embora se admita a corresponsabilidade da sociedade civil na questão pública, mesmo que tenha havido um crescimento exponencial do terceiro setor no país, a questão das parcerias público-privadas no setor social mantém-se polêmica.

De fato, a presença de organizações sociais, no contexto da gestão de políticas públicas, revela a incompletude do Estado e a necessidade de democratização da ação pública, mas sabemos que é uma relação que não está isenta de tensões e desafios. Como assegurar a unidade e a cooperação sistêmica intergovernamental e com as organizações sociais na condução da política social? Como assegurar a unidade sem cercear a diversidade e a riqueza que nasceram em oposição à homogeneidade dos grandes equipamentos de outrora? Como fortalecer de forma combinada o papel de articulador e coordenador do Estado e a participação da sociedade nas decisões públicas das cidades contemporâneas?

Todos estes acontecimentos que se constituem de forma interdependente nos levam a crer que, embora tenhamos avançando no papel e na retomada da força do Estado, precisamos criar novos horizontes de gestão que fortaleçam a sua dimensão de Estado indutor, articulador e agregador. O fortalecimento da *intelligentsia* do fazer público, do ponto de vista da gestão, terá de apostar na consolidação dos mecanismos de integração, articulação, negociação e participação da sociedade.

Novos contornos necessários à gestão das políticas públicas

Na relação de avanços e constrangimentos, num contexto nacional e mundial de mudanças, é possível captar as demandas e as exigências de novos contornos na gestão social contemporânea.

1. Gestão de ações públicas integrais e integradas

A complexificação das questões sociais requer respostas mais integrais e integralizadas. O cidadão já não quer ser reconhecido como um somatório de demandas e direitos; deseja atenções integrais e integradas em torno das demandas existentes nos territórios, como eixos de um desenvolvimento sustentável. De fato, "humanizar as cidades" emerge como uma das diretrizes difundidas mundialmente para enfrentar as mazelas da desigualdade, pobreza e exclusão, e pressupõe uma perspectiva integral e multidimensional na promoção de maior equidade, de forma duradoura.

O Estatuto da Criança e do Adolescente é, nesse sentido, uma lei referencial, pois anuncia de forma enfática o direito de crianças e adolescentes à proteção e ao desenvolvimento integrais. Mas não só: hoje falamos em cidades educadoras, em educação integral, em territórios sustentáveis, em cidades saudáveis...

Estas nomenclaturas emergem porque se querem políticas. Programas desenhados pelo prisma da intersetorialidade e transversalidade reduzem a ênfase nos tradicionais recortes setoriais e especializações estanques.

A política de habitação, por exemplo, anuncia como premissa básica a integração das ações públicas, tanto habitacionais quanto ambientais, sociais e urbanísticas, para requalificar o espaço habitado da cidade e garantir à população condições de moradia digna com pleno acesso à cidade formal. Faz-se necessária uma ação pública sinérgica que assegure efetividade e equidade social em seus resultados. Uma política pública setorial não produz sozinha respostas efetivas.

A intervenção requer, portanto, uma atuação transversal, no sentido de que se façam presentes as diversas políticas ligadas a: educação, meio ambiente, urbanística, desenvolvimento social, assistência social etc. Nesse sentido, a gestão social contemporânea exige a operação de diversas políticas públicas interdependentes, que estabeleçam as mediações estratégicas entre a especificidade do caráter setorial e a complementaridade e dependência da ação intersetorial.

Entretanto, também é necessário desenhar a intervenção prevendo a articulação de atores públicos e privados nos diferentes níveis territoriais, o que pressupõe uma concertação público-privada e interinstitucional para estabelecer estratégias compartilhadas e o desenvolvimento de projetos integrais e em rede. Desta forma, a abordagem multidimensional das questões sociais se fundamenta na promoção do espaço público para que seja não só um local de encontro ou convivência, mas também de proteção e desenvolvimento econômico, social, cultural, político e ambiental.

Isto pressupõe uma opção metodológica que opere a integralidade das intervenções: ações concertadas nas diferentes esferas de governo (municipal, estadual e federal), entre atores territoriais distintos (administração pública, iniciativas sociais e empresariais), entre as especificidades das ações públicas (transversais, setoriais, integrais), qualificando a capacidade de organização e ação na cidade.

Este novo modo de pensar o arranjo da gestão derruba as fronteiras da setorialização das políticas sociais e de ações isoladas, reforçando uma nova tendência, a da retotalização das políticas, por meio de programas-rede que agreguem diversos serviços, projetos, sujeitos e organizações no âmbito do território.

A gestão pública municipal passa a ser estratégica para propósitos maiores de desenvolvimento social local. As secretarias municipais e outras agências governamentais têm a possibilidade de construir um plano estratégico que exija abandonar a perspectiva isolacionista e setorial da gestão tradicional.

Da mesma forma, cria-se um cenário de articulação-integração para que os conselhos setoriais ou de representação de segmentos assumam o compromisso de partilhar decisões, antenados com a visão integral das demandas dos munícipes. Ou seja, pensar a cidade (o município) como uma totalidade formada de territórios e de seus habitantes que portam identidades, histórias, relações, necessidades e demandas; portam experiência humano-social, portam projetos. O plano diretor do município e suas prioridades podem refletir, assim, a riqueza contida nestas identidades, demandas e projetos.

2. Gestão territorializada e de proximidade

E é particularmente em nível municipal que a conjugação, a convergência e a integração das políticas e programas setoriais impõem uma nova arquitetura institucional e organizacional. A velha estrutura da administração pública com inúmeras secretarias ou departamentos setoriais tornou-se pesada e um complicador a mais para a implementação de decisões e ações mais eficazes, que exigem uma abordagem transetorial, territorializada, e o estabelecimento de canais e fluxos de compartilhamento e articulação.

Por outro lado, construímos uma política social pautada na igualdade de oportunidades que acabou por resultar em homogeneidade de serviços ofertados a todos os cidadãos. As fraturas nesse processo estão às claras para todos nós: nem conseguimos garantir efetiva igualdade de oportunidades, nem contemplamos conteúdos socialmente significativos que se expressam de forma dinâmica e diferenciada segundo âmbitos sociais distintos (grupos sociais, microterritórios, regiões etc.).

Resulta daí a hoje valorizada dimensão territorial, pois possibilita organizar a oferta de múltiplas e distintas oportunidades em função das condições diversas de territórios e famílias, mas produzindo o que todos os cidadãos têm direito: equidade no acesso e igualdade de resultados. A perspectiva territorial permite a adequação de políticas e programas públicos nos âmbitos da reprodução e da proteção social. Permite reinventar a política pública articulando redes de solidariedade microterritoriais, sociais e familiares. É no território, como espaço privilegiado, que se podem fortalecer os vínculos de pertencimento e redes sociorrelacionais assegurando apoios e proteção social.

Quer-se foco no *território* e em suas populações como portadoras de identidades, saberes, experiências e projetos de futuro que precisam ser reconhecidos no fazer dos serviços. Como afirma Claudia Serrano (2005), a perspectiva socioterritorial fortalece a articulação dos aspectos do desenvolvimento econômico e produtivos, aliados ao desenvolvimento social e à equidade.

TERRITÓRIO

O *território* é um grande aglutinador de forças, riqueza, capital, população, recursos materiais, sociais e culturais. Aí estão oportunidades e restrições, a memória, a história, a geografia e os recursos. Entendido como o 'lugar da pessoa' opera como um contexto em que se expressam as diversas alavancas do desenvolvimento em forma integral e sistêmica, impulsionadas por traços comuns de identidade e experiência compartilhada (SERRANO, 2005, p. 75, grifo nosso).

A nova valorização dos territórios coloca em marcha um deslocamento de enorme importância: os serviços públicos priorizam o olhar numa perspectiva integral e territorializada, adequando rotinas e processos para acolher suas demandas. Na cultura de gestão tradicional, os compromissos são setoriais; neste novo modo de gestão os compromissos se voltam para a ação integral, que parte da leitura e compreensão das demandas e capacidades de famílias e territórios.

Nesta direção, os serviços no território ganham uma margem fundamental de autonomia para produzir respostas assertivas, flexíveis e combinadas, de direito do cidadão e de direito ao desenvolvimento sustentável do território de pertencimento. Mas assegurar maior autonomia de gestão às unidades de prestação de serviços aos cidadãos (escolas, unidades básicas de saúde, Cras...) implica, também, reconhecimento e articulação da malha de serviços nos microterritórios, a fim de que eles não caminhem de forma isolada, mas assegurem um fluxo permanente de relações entre si, bem como a participação dos usuários e da comunidade.

Ao tomarmos esta perspectiva como referência, não é possível mais pensar, por exemplo, a escola como única agência de produção de conhecimentos e de aprendizagem. A escola é espaço fundamental, imprescindível e de direito do cidadão para acessar o conhecimento, a cultura e a riqueza societária. Porém a escola isolada e só não dá conta da tarefa formativa delegada a ela; deve reconhecer e articular os demais espaços de aprendizagem. É preciso que todos os munícipes e organizações do bairro e da cidade se percebam aliançados, partilhando da tarefa de educar e apoiar um processo extensivo e denso de aprendizagem.

A perspectiva territorial possibilita, também, romper com a ênfase nas *vulnerabilidades sociais* e carências da população, apostando-se, ao contrário, no reconhecimento e destaque em suas potencialidades e fortalezas. Observando apenas as carências e as vulnerabilidades, solapam-se as oportunidades de voz dos desiguais na interlocução política; não se criam espaço e reconhecimento para o exercício de seu protagonismo. As desigualdades sociais em nosso país obscurecem todo o seu potencial.

Recuperar a visibilidade e as forças em tensão da realidade social permite construir uma perspectiva de gestão que rompa com a lógica de cidadão de segunda classe, analisado apenas como patrimônio negativo, como se não existissem capacidades de expressão e criação social, econômicas, políticas e culturais, nem vínculos de solidariedade, resistência e de luta, que devem formar parte dos processos de implementação das políticas sociais (ARREGUI, 2012).

O enfoque atual é o de se priorizar serviços abertos, flexíveis e com maior autonomia na atenção às diversas demandas, capazes de envolver as solidariedades comunitárias, entidades prestadoras de serviços e os próprios cidadãos. Assim, os serviços coletivos estão combinando outras modalidades de atendimento que reivindicam a participação do cidadão, da família e da comunidade. Esta perspectiva pode ser encontrada em Programas como Mais Educação/MEC, que articula a ação da escola com pequenas ONGs do território para produzir maiores oportunidades de aprendizagem a crianças e adolescentes, ou o Programa de Saúde da Família, que pressupõe uma estreita relação entre agentes comunitários de saúde e a população local, ou ainda, a Urbanização de Favelas, quando reconhece seus moradores como produtores da cidade.

3. Gestão participativa

As políticas públicas dependem hoje de soluções democraticamente partilhadas entre Estado e sociedade. E aqui, não estamos falando em parcerias público-privadas para operar serviços públicos, mas em coalizões entre sociedade e Estado na construção mesma da política pública. Nenhuma política pública nasce no Estado. As prioridades em políticas públicas emergem na sociedade e só adentram a agenda do Estado quando se constituem em demanda vocalizada. A sociedade civil de hoje, ao reivindicar políticas públicas, desejam-nas revestidas dos novos valores sociopolíticos que a sociedade contemporânea almeja.

Um dos grandes ganhos com o avanço da democracia foi o de assegurar aos atores societários "vez e voz" na construção da política pública pela via da formalização de espaços de participação, como conselhos municipais, estaduais, nacionais (heterogêneos na sua composição de representação de segmentos societários), audiências públicas, conferências nos três entes da federação. Mas também pela constituição de coalizões que se estruturem em torno da construção de políticas públicas com a participação capilar da sociedade.

O Estado tem aqui papel central não apenas na regulação e garantia da prestação dos serviços de direito dos cidadãos, mas sobretudo de coordenador de esforços e vontades políticas societárias. De outro lado, diante de uma sociedade civil fragmentada nas suas lutas, interesses e demandas, torna-se absolutamente necessário seu fortalecimento para operar mudanças substantivas na política pública.

A construção da política exige a participação de atores internos da própria política pública (seus trabalhadores e gestores públicos) e de atores externos (grupos da sociedade civil). Caso contrário, a própria política se enfraquece e perde em legitimidade.[5] Isto pressupõe fortalecer e construir novas relações entre Estado e sociedade civil para recuperar a confiança social perdida e fortalecer a dimensão da participação. A governança e a governabilidade social passaram a depender, cada vez mais, do envolvimento dos diversos sujeitos do fazer social: o Estado, a sociedade civil, a iniciativa privada, a comunidade e o próprio público-alvo da ação pública.

GOVERNABILIDADE E GOVERNANÇA

Enquanto a *governabilidade* refere-se às condições sistêmicas sob as quais se dá o exercício do poder, centrando-se, sobretudo, no processo de tomada de decisões, a *governança* é compreendida como a capacidade de tomar e executar decisões, garantindo sua continuidade no tempo e seu efetivo acatamento pelos segmentos afetados. A governabilidade pressupõe a negociação política, qualidade típica de um sistema político democrático (Diniz, 2000, grifos nossos).

---

5. As políticas públicas sociais sempre foram conduzidas pelo princípio da cidadania regulada e, deste modo, apresentam-se e são aceitas como políticas do Estado para a sociedade.

Segundo Faria (2009), a atual conjuntura exige uma forma dinâmica de gestão que põe em causa a administração burocrática tradicional e a gestão autoritária de conflitos, obrigando a profunda revisão do quadro de ação pública e o reexame da partilha de responsabilidades entre o público e o privado. Para o autor, a governança hoje requer

> assegurar as mediações sociais que favoreçam a comunicação entre os diferentes parceiros e usuários, de forma a contribuir para a recomposição do sistema institucional cada vez mais desorganizado. Somente assim poderemos enfrentar os novos desafios e lutar contra as tendências da desintegração social estando receptivo ao empenhamento dos diferentes atores sociais no processo de construção de novas formas de integração (FARIA, 2009, p. 52-3).

O que está em causa é uma nova forma de responsabilidade e legitimidade, e um novo processo de negociação, discussão, coordenação da tomada de decisão. Esta nova forma de ação, para ter êxito, terá de conseguir combinar flexibilidade, eficácia, rapidez e democracia, articulando descentralização com desburocratização, promovendo a participação dos cidadãos na definição de soluções adequadas aos seus problemas concretos. Nessa perspectiva, governança se assemelha, conforme Ascher (2010, p. 52), a um "nó de interações que cobre os esforços de mediação e de coordenação não apenas entre as diferentes instituições públicas, mas também entre todos os agentes que queiram participar e influenciar as decisões políticas".

A introdução desta nova forma de atuar não dispensa uma direção capaz de coordenar, conjugar, negociar, adaptar, reorganizar e partilhar estratégica e integradamente as políticas urbanas. Esta função compete indiscutivelmente à administração pública. Mas também exige incondicionalmente uma forte sensibilidade política na condução de processos de mudança, como também na sua regulação e gestão. Como diz Borja e Castells (1997), o que está em causa é uma motivação cultural, uma vontade política e um empenho cívico.

É claro que na arena pública estão presentes, interagindo de forma conflituosa ou cooperativa, o Estado, a sociedade civil, movimentos sociais, minorias, terceiro setor, iniciativa privada, mercado, comunidades e cidadãos que convivem e reagem às intermediações dos partidos políticos. Neste novo contexto, fortalecer a gestão compartilhada pressupõe consolidar um novo padrão de articulação e complementaridade no qual a heterogeneidade de grupos sociais derive na construção de um novo compromisso social, engajando a todos de forma democrática, participativa e proativa.

Esperam-se da gestão controles menos burocráticos e mais voltados a tornar público e promover o debate sobre a relevância das políticas, bem como a eficácia e a efetividade dos resultados. Os cidadãos e particularmente os usuários de dado serviço ou programa precisam conhecer sua dinâmica, desempenho e resultados. Precisam ter chance efetiva de participar de decisões do programa e serem agentes de monitoramento e avaliação de seus resultados.

4. Gestão do conhecimento

A dimensão participativa da gestão pressupõe a produção, a publicização e a transparência das informações relativas às ações públicas.

Os avanços tecnológicos, digitais e de linguagens multimídias agilizaram e ampliaram os fluxos de informação. Já faz parte da agenda política produzir informações sistemáticas e confiáveis, monitorar e avaliar o desempenho das políticas e programas sociais públicos, praticar a transparência e a prestação de contas da ação pública.

As informações referidas à política social estão consubstanciadas em diversos bancos de dados continuamente realimentados por cadastros, censos e pesquisas amostrais. Essas informações ganharam, na ultima década, continuidade, visibilidade e reconhecimento público. Consolidamos, assim, diversos sistemas de informação (na área de educação, na saúde, na assistência social) que permitem conhecer e comparar longitudinalmente, na linha do tempo, a evolução do desempenho das políticas sociais no país.

Nesse sentido, do ponto de vista da gestão do conhecimento, fortalecemos a dimensão da avaliação e monitoramento contínuos da realidade e dos resultados das políticas. Os sistemas de informação passaram a funcionar como bússolas indispensáveis à gestão social. Este é sem dúvida um grande avanço.

Entretanto, como aponta Carola Arregui (2013), a produção crescente de dados quantitativos não tem garantido que o melhor conhecimento da realidade resulte nos impactos esperados em termos das políticas sociais. O processo crescente de informações ainda é construído sob o paradigma setorial, o que deriva em processos desconexos na produção e uso das informações. O desafio da transversalidade das políticas está também presente na construção dos sistemas de informação, bem como na responsabilidade e nos fluxos entre os diferentes níveis da federação na produção de informações. De outro lado, critica o excesso de informação e ênfase quantitativa na produção das medidas sociais, que deriva na produção cada vez mais crescente de dados quantitativos, abandonando a interrogação anterior de para que servem esses dados. O predomínio de indicadores quantitativos na perspectiva financeira e econômica desconsidera as competências específicas e o sentido público das políticas sociais. A tendência de homogeneização inerente ao processo de quantificação resulta também na homogeneização da realidade, contrastando com o caráter multidimensional e multifacetado das questões sociais.

O que de certa forma deriva numa perversidade quando a mídia publiciza informações e indicadores sociais reforçando apenas a falta, os déficits e as vulnerabilidades sociais que castigam os cidadãos. Não há um olhar sobre as potências e ativos da população e dos territórios que impulsionam a busca por qualidade de vida. De alguma forma, o que se revela impele a impotência e não a potência.

Nesse sentido, Arregui (2012) incita a repensar o processo de quantificação para que as dimensões social, política e relacional ganhem novos contornos e significados no contexto de construção de informações.

Refundar a lógica pela qual se quantifica significa recolocar o quantitativo a serviço da qualidade do debate público e construir os parâmetros da avaliação a partir das consignas sobre "o que" e "para que" quantificar. Isto permitiria, inclusive, superar a ênfase avaliativa das últimas décadas, que priorizou o estudo da eficácia, da eficiência e dos impactos produzidos, e deixou na sombra o princípio da justiça social, inerente às políticas sociais, desconsiderando assim os critérios da igualdade, da equidade e da redistribuição (ARREGUI, 2012).

Nesta perspectiva, a gestão territorial e integrada e a gestão em redes solicitam (exigem) uma ágil e competente circulação de informações sobre a cidade real, suas demandas e oportunidades, redes e sujeitos que transitam na esfera pública. A produção compartilhada de informações cria insumos essenciais para o conhecimento da realidade e para adensar a gestão pública contemporânea.

Em síntese:

A intersetorialidade e territorialização da ação pública, o princípio de compartilhamento de ações e informações e a participação tornam-se elementos estratégicos a serem consolidados nas lógicas de intervenção.

Como sugere Nogueira (1998, p. 43), pensar as diversas políticas públicas como interdependentes exige um novo arranjo institucional e organizacional rompendo com a perspectiva unidimensional.

> Em vez de uma inteligência que separa o complexo do mundo em pedaços isolados, fraciona os problemas e unidimensionaliza o multidimensional, como afirma Edgar Morin, precisamos de uma perspectiva que integre, organize e totalize. Só assim teremos como aproveitar de modo pleno às inúmeras possibilidades de compreensão e reflexão propiciadas pela evolução geral dos conhecimentos.

O que para Manuel Castells (1998) pressupõe assumir uma estrutura reticular e uma geometria variável em sua ação, que permita a ação em rede e a consolidação de novas formas articuladas de gestão. A gestão social contemporânea é chamada a imprimir sistemas abertos de coordenação e conduzir ações articuladas em redes multi-institucionais e intersetoriais, com vista a mobilizar vontades, induzir, pactuar e fazer acontecer processos e ações de maior densidade e maior impacto na vida do cidadão.

A ação pública pode caminhar, assim, como afirma Ricard Gomà (2004, p. 45, grifos nossos), sob uma tripla pressão de mudança:

> em direção a *políticas transversais*, capazes de integrar a complexidade; a *políticas participativas*, capazes de assumir os processos de subjetivação em curso; e a *políticas de inclusão*, capazes de promover novas lógicas de coesão e redistribuição. A agenda da inclusão se converte, assim, em uma peça-chave do Estado de bem-estar do século XXI.

Ações sociais isoladas e pontuais não são mais eficazes e, por isso mesmo, outros termos devem introduzir-se em nosso vocabulário de ação e gestão pública: articulação, parceria, complementaridade. Como apontamos, o novo desenho de gestão envolve parcerias e redes; ações articuladas, intersetoriais, flexíveis, mobilizando atores sociais governamentais, da sociedade civil e iniciativa privada. Envolve comandos horizontais perspectivados pela busca da eficiência, eficácia e efetividade. Implica democratização da coisa pública. A articulação e a combinação de ações entre programas, intersetorial, intergovernamental e entre agentes sociais, permitem potencializar o desempenho da política pública: arrancam cada ação do seu isolamento e asseguram uma intervenção agregadora, totalizante e inclusiva.

A proteção social na entrada do século XXI: avanços e desafios para a política de assistência social

No processo de constituição das políticas sociais públicas, a assistência social cumpriu papel importante, pois representou a gênese da intervenção social do Estado moderno. Como afirma Sônia Draibe (1990 p. 18), a "política assistencial constituiu a forma ancestral da política social. Na qualidade de ação pública no campo social, a política de assistência social precedeu no tempo as outras formas de intervenção social do Estado".

No Brasil, historicamente, a assistência social foi assumida pela sociedade providência, seguindo os padrões da benemerência, seletividade, tutela e filantropia. Desta forma, a assistência social não era reconhecida como missão do Estado, era concebida como subsidiária e transitória, com atividades e atendimentos eventuais que combinavam ações dispersas e descontínuas de órgãos governamentais e de entidades socioassistenciais. Havia, também, no imaginário societário — e junto a gestores e formuladores — resistência na aceitação da sua especificidade como política pública, ao pressupor que a garantia do bem-estar social se daria sempre e quando todos os cidadãos estivessem cobertos pelas políticas básicas e universais, como saúde, educação, previdência social, trabalho, habitação etc. Entretanto, mesmo nos países que consolidaram os Estados de bem-estar e que desenvolveram um amplo leque de políticas básicas e universais, a pobreza persistiu e as desigualdades sociais cresceram e se agudizaram ao longo das últimas décadas.

No Brasil, foi somente no final do século XX que a assistência social se consolidou como política pública. Ao se apresentar na Constituição de 1988 como função de seguridade social, integrou o tripé da proteção social, constituída, ainda que de forma fragmentada e sem um projeto comum, pela política de saúde para todos os cidadãos, pela previdência social como segurança devida ao trabalhador e pela assistência social para aqueles que, vivendo nas malhas da vulnerabilidade social, necessitam da proteção do Estado.

Deste modo, a sua inscrição na Carta Constitucional de 1988 foi o primeiro passo para ser reconhecida como política pública e campo de atuação em que se efetivam direitos sociais. Desde então, afirmou-se como inquestionável em sua relevância social; inovou e institui mecanismos de proteção social não contributiva como direito do cidadão; e ganhou robustez junto à parcela da população atingida por conjunturas, contextos ou processos produtores de vulnerabilidade social.

Avanços no reconhecimento da política de assistência social e sua regulação

Desde a Constituição de 1988 e a promulgação da Lei Orgânica de Assistência Social (Loas), em 1993, verificam-se progressivamente profundas alterações no arcabouço legal e conceitual da assistência social e no seu reconhecimento político institucional. A Loas/1993 instaurou o exercício racional de gestão estatal, fundado em mecanismos propugnados em lei de garantia de participação, de cofinanciamento e de gestão pública compartilhada,[1] dando voz aos conselhos municipais, estaduais e nacional de assistência social; implementando, igualmente, o Fundo de Assistência Social nas três esferas de governo e avançando na construção e aprovação de planos municipais, estaduais e nacional de assistência social. As conferências municipais, estaduais e nacionais, por sua vez, se tornaram grandes fóruns na formação de competências de gestão, consensos e avanços nessa política.

Mais recentemente, aprovamos em 2004 a Política Nacional de Assistência Social (PNAS) e, em 2005, o Sistema Único de Assistência Social (Suas). Avançamos, assim, na perspectiva da proteção social, na estrutura organizativa de gestão e na lógica de gerenciamento e controle das ações socioassistenciais, caminhando progressivamente para a proposição de uma classificação dos serviços socioassistenciais pautados em parâmetros, padrões, critérios e respeito ao pacto federativo na sua operacionalização. Nesta perspectiva, a Tipificação Nacional de Serviços Socioassistenciais,[2] que institui a padronização dos serviços socioassistenciais, criou as referências fundamentais, em todo território nacional, para a implementação e adequação dos serviços, configurando-se assim um importante marco para a gestão da política.

O Suas firma no cenário nacional um sistema comum de ordenação da gestão das ações socioassistenciais, parametradas na regulação e obediência ao pacto federativo e no reconhecimento dos direitos socioassistenciais do cidadão. Podemos dizer que no Suas a concepção de sistema único, assim como no SUS (Sistema Único de Saúde), difere da concepção encontrada na política de educação, baseada na ação cooperativa e/ou colaborativa entre os entes federativos (federal, estadual e municipal), mas que, ao não possuir comando único, gera, frequentemente, uma ação concorrencial entre os níveis da federação.

---

1. As leis infraconstitucionais, visando assegurar maior participação da sociedade nos fóruns de decisão, instituíram, entre outras medidas, conselhos nas diversas políticas públicas, com participação paritária entre governo e sociedade civil, objetivando decisão e controle sobre as ações da política.

2. Instituída por meio da Resolução n. 109, de 11 de novembro de 2009, aprovada pelo Conselho Nacional de Assistência Social (CNAS), previamente pactuada na Comissão Intergestores Tripartite (CIT).

Como afirma Aldaíza Sposati,[3] sem dúvida a maior estudiosa desta política, o Suas imprime uma nova racionalidade à política de assistência social:

> [...] inscreve o campo de gestão da assistência social, como responsabilidade de Estado a ser exercida pelos três entes federativos que compõem o poder público brasileiro. Nesse sentido é uma forma pactuada que refere o processo de gestão da assistência social, antes de iniciativa isolada de cada ente federativo, a uma compreensão política unificada dos três entes federativos quanto ao seu conteúdo (serviços e benefícios) que competem a um órgão público afiançar ao cidadão (SPOSATI, 2006, p. 44).

Como política de proteção social, a assistência social tem um campo próprio de atenções e provisão social, promovendo um conjunto de *seguranças socioassistenciais* contra riscos pessoais e sociais a indivíduos, famílias e coletividades. Para tanto, opera a rede socioassistencial, integrando ações de iniciativa pública e da sociedade que ofertam um conjunto de serviços, programas, benefícios e transferências de recursos materiais e monetários, que devem ser planejados, monitorados e avaliados continuamente.

SÃO SEGURANÇAS SOCIOASSISTENCIAIS

Segurança da acolhida: garantia de acolhimento de curta, média e longa duração, de escuta profissional qualificada, informação, referência.

Segurança social de renda mediante a concessão de benefícios temporários ou continuados àqueles indivíduos ou famílias que apresentem

---

3. Aldaíza Sposati, professora titular da PUC-SP, coordenadora do Núcleo de Estudos e Pesquisas em Seguridade e Assistência Social; coordenadora do Centro de Estudos das Desigualdades Socioterritoriais (Cedest).

> **SÃO SEGURANÇAS SOCIOASSISTENCIAIS**
>
> vulnerabilidades decorrentes do ciclo de vida e/ou incapacidade para a vida independente e para o trabalho.
>
> *Segurança de convívio:* visa a construção, restauração e fortalecimento de laços de pertencimento e de vínculos sociais de natureza geracional, intergeracional, familiar, de vizinhança e societários.
>
> *Segurança de desenvolvimento da autonomia:* oferta oportunidades diversas de desenvolvimento de capacidades e habilidades para acessar, circular e usufruir de recursos e possibilidades presentes a sociedade contemporânea e construir projetos de futuro (BRASIL, NOB/Suas, 2005).

A assistência social elege como unidade de intervenção a família, objetivando romper com as tradicionais segmentações de seu público-alvo (crianças, adolescentes, mulheres, idosos...), reconhecendo que as vulnerabilidades sociais são interdependentes, o que exige agregar ao conhecimento da realidade a dinâmica demográfica associada à dinâmica socioterritorial (Brasil, PNAS/2004). Trata-se de considerar a escala territorial a partir da qual se constrói o processo de reconhecimento, análise e monitoramento das desproteções sociais das famílias/territórios e de organização territorializada das atenções socioassistenciais. Neste sentido, a experiência brasileira, diferentemente de outros países da OCDE, inovou ao incidir sobre a família e territórios e não nos indivíduos, maximizando seus efeitos protetivos.

É possível afirmar, então, que a PNAS e o Suas introduzem uma nova organização da atenção pública redefinindo os serviços socioassistenciais de modo hierarquizado em proteção básica e especial, com níveis diferenciados de média e alta complexidade.

A proteção social básica, de caráter preventivo e processador de inclusão social, objetiva prevenir situações de vulnerabilidade e risco por meio do desenvolvimento de aquisições e fortalecimento de vínculos familiares e comunitários. Destina-se a segmentos da população que vive em condição de vulnerabilidade social, decorrente da pobreza, privação (ausência de renda, precária ou nulo acesso aos serviços públicos...) e/ou fragilização de vínculos afetivos, relacionais e de pertencimento social (discriminações etárias, étnicas, de gênero ou por deficiências...). Neste contexto, é perspectivada em duas direções/movimentos complementares: o primeiro refere-se à organização e à articulação entre serviços socioassistenciais de provisão pública para atender às demandas de proteção social. O segundo refere-se à articulação territorial com demais serviços e organizações sociais que funcionam como artérias protetivas no território.

Já a proteção social especial é modalidade de atenção socioassistencial destinada a indivíduos e famílias que se encontram em situação de vulnerabilidades decorrentes do abandono, privação, perda de vínculos, exploração, violência, violação de direitos. A proteção especial inclui serviços de acolhimento de longa ou curta duração e atenção psicossocial especializada, destinada a assegurar vínculos de pertencimento e reinserção social. Por isso mesmo exige atenções mais personalizadas e processos protetivos de longa duração. Os serviços de proteção especial têm estreita interface com o sistema de justiça, exigindo muitas vezes uma gestão mais complexa e compartilhada com o poder judiciário e outras ações do executivo (como, por exemplo, a saúde).

Esta nova organização territorializada das atenções socioassistenciais firma a possibilidade de configurar uma oferta capilar, sistemática e contínua de serviços. Os serviços socioassistenciais, ao prover proteção social, articulando um conjunto de seguranças, constituem parte substantiva da atenção socioassistencial. São serviços de proximidade, que exigem relação interpessoal, pois a relação em si é condição de proteção. Envolvem a produção de ações continuadas e por tempo indeterminado, dirigidas a situações identificadas e monitoradas nos territórios. Essa perspectiva exige uma (nova) relação entre serviços, benefícios, programas e projetos para, de modo articulado, fazer frente às demandas sociais existentes (Brasil, MDS/IEE, 2008a).

GESTÃO SOCIAL E TRABALHO SOCIAL 63

De fato, a proteção social, a defesa de direitos e a vigilância socioassistencial exigem, pela ótica da gestão pública, o desenvolvimento de capacidades para aproximação do cotidiano das famílias, pois é nesses espaços que as vulnerabilidades e riscos se constituem. É na integração dessas funções que a política desenvolve um novo modelo assistencial. Uma ação que não integralize a proteção social, a vigilância socioassistencial e a defesa de direitos deixa de ser uma proteção social efetiva movida por processos e estratégias capazes de produzir redução de vulnerabilidades e inclusão social.

E nesta perspectiva, Centros de Referência ganham destaque como unidades públicas estatais da política de assistência social. O Centro de Referência de Assistência Social (Cras) é referência da proteção social básica, localizado em territórios de vulnerabilidade social com função de organizar, coordenar e executar os serviços de proteção social básica. Desta forma, o Cras é a porta de entrada da política que costura a destinação desses benefícios com processos e projetos socioassistenciais voltados a alcançar resultados protetivos da maior importância: melhoria da qualidade de vida, ganhos de pertencimento social, maior autonomia da família para resolutividade de seus projetos de vida. Portanto, é preciso reafirmar que o Cras não é somente distribuição de benefícios; se assim fosse, converter-se-ia facilmente em plantão assistencial.

Paralelamente, o Centro de Referência Especializado da Assistência Social (Creas) é a unidade pública estatal de referência da proteção social especial. Promove e articula tanto a rede de proteção especial de média complexidade, junto a famílias em situação de ameaça ou violação de direitos, como a rede de alta complexidade para famílias que se encontram sem referência e/ou em situação de ameaça.

A implantação das unidades Cras e Creas em todo o território nacional tem sido expressiva nos anos recentes, o que já é uma enorme conquista em tão pouco tempo. No entanto, são os benefícios socioassistenciais que parecem ter ganhado maior expansão e visibilidade no desempenho desta política. Os benefícios monetários[4] ou em espécie, no âmbito da assistência social, sempre foram considerados insumos imprescindíveis na proposta de oferta de proteção social.[5] Mas, de fato, a cobertura de cerca de 13 milhões de famílias do Programa Bolsa Família deflagra o descompasso entre a relação e o alcance dos benefícios e a dos serviços socioassistenciais.

Esta tensão gera análise e posições diversas: para muitos profissionais, os benefícios apresentam-se como um reassistencialismo da política pública; para outros, um deslocamento da política social com preferência na transferência de renda mais que na oferta de serviços; para outros ainda, representa um reconhecimento do direito do cidadão (com insuficiente ou nula renda) a transferências monetárias, projetando nesse caso uma nova geração de políticas sociais.

Os novos desafios para a política de assistência social no século XXI

Estamos testemunhando a transformação de uma época [...]. A classe social, a indústria fordista, a família tradicional e o Estado-nação já são consideradas categorias zumbis. Existem sim, mas se desintegram; não estruturam a ordem social emergente, sua força parece esgotar-se com a desorganização do velho mundo do século XX. De fato, a produção em massa e padronizada é substituída por modelos muito mais

---

4. A Loas/1993 já havia instituído o benefício monetário de prestação continuada (BPC) para idosos e pessoas portadoras de deficiência incapacitadas para o trabalho. Posteriormente, foi criada uma profusão de novos benefícios temporários, com supremacia dos programas de transferência monetários que, foram, depois, unificados no Programa Bolsa Família, fora os outros de decisão dos estados ou municípios.

5. É preciso lembrar que outros benefícios assistenciais foram introduzidos nas demais políticas setoriais, com vista a promover o acesso e a equidade no usufruto de bens e serviços de atenção básica. É o caso, por exemplo, da locação social na habitação, merenda escolar na educação, aviamento de receitas na saúde.

flexíveis, o esquema patriarcal é substituído pela diversidade de formas familiares e pelas novas relações de gênero, o Estado é submetido a pressões intensas e simultâneas de globalização e descentralização, a crise da representação política tradicional conduz tanto ao neopopulismo de caráter autoritário como a toda uma gama de experimentos de inovação democrática, de alta intensidade participativa. Tudo isso, efetivamente, nos leva a uma nova lógica cultural [...]. A primeira modernidade, a dos grandes agregados sociais, das grandes cosmovisões e da confiança no progresso material e na racionalidade, entra em decadência com o século XX, que é o seu século. As sociedades avançadas entram em cheio em uma segunda modernidade ou modernidade reflexiva, com lógicas culturais muito mais pluralistas e subjetivadas, sem grandes narrativas, sem grandes ancoradouros coletivos de coesão e com a consciência cada vez mais ampliada dos riscos ecológicos socialmente produzidos. Este é, muito sinteticamente, o contexto em que opera a ideia complexa e emergente de exclusão social (GOMÀ, 2004, p. 13).

Esta contundente fotografia do século XXI apresentada por Gomà revela a emergência de uma sociedade complexa e, nela, as novas expressões da questão social que representam fortes desafios e estão a exigir mudanças no foco e na condução da política.

A construção de uma perspectiva integral e integrada no enfrentamento das desigualdades sociais

Um primeiro desafio diz respeito à necessidade de agir mais densamente no enfrentamento das desigualdades sociais e no agravamento das condições de vida dos pobres; sobretudo daqueles que vivem nos grandes centros urbanos e no isolamento rural.

A destituição de direitos e a vivência de desproteção social nos contextos urbanos, especialmente nas metrópoles e/ou regiões metropolitanas que concentram as complexas e diversas "faces das desigualdades sociais", estão associadas aos fortes processos de segregação urbana; ao confinamento nas periferias ou em regiões deterioradas nos centros urbanos; aos fortes déficits habitacionais e de conforto socioambiental, bem como à enorme precariedade no acesso e qualidade dos serviços básicos. Há igualmente as situações de alta vulnerabilidade que pouco se fazem visíveis nas estatísticas nacionais: os sem-teto, os abandonados, os dependentes químicos, as situações cotidianas de violência urbana ocultas nos pactos de medo e silêncio. É nesta arena constantemente produtora de tensão e conflito urbano que se faz necessário inverter as lógicas tradicionais de operação das políticas públicas e, sobretudo, da política de assistência social.

Contudo, nesse mar de vulnerabilidades e tensão social, há potências pouco anunciadas. Na cidade de São Paulo, por exemplo, 3 milhões de seus habitantes vivem em assentamentos precários. As favelas representam a presença teimosa construtora e produtora do espaço urbano pelos mais pobres.

> Em vários países, os assentamentos informais são a principal forma de acesso à vida urbana de milhares de migrantes e camponeses. Território para onde se dirige um fluxo incontrolável de urbanização que todos os anos movem milhões de habitantes do campo para as cidades. [...] As favelas emergem como sistemas autônomos, distintos, transformando o sistema urbano ao qual pertencem em uma unidade composta de "várias pequenas cidades" [...] As favelas representam um modelo auto-organizado de economia do conhecimento. Nas favelas é possível viver com pouco e optar por aprender.[6]

Na outra ponta, num país continental como o nosso, encontramos uma população vulnerabilizada por uma pobreza transgeracio-

---

6. Citações contidas no Manifesto de São Paulo/Stefano Boer, 27 jan. 2012. Jornada de Habitação (São Paulo Calling) promovida pela Secretaria Municipal de Habitação da cidade de São Paulo.

nal e isolada na paisagem rural. Embora tenhamos avançado na alocação e no acesso à infraestrutura básica (energia elétrica, abastecimento de água e esgotamento sanitário), essas pessoas ainda permanecem castigadas pelo isolamento rural. São exemplos disso as regiões semiáridas do nordeste brasileiro ou ainda as populações que convivem ao longo dos igarapés no norte do Brasil.

As informações do Censo de 2010 permitem retratar as disparidades territoriais. Em 2010, no Brasil, a proporção de pessoas que viviam com até R$ 70 *per capita* era em média 6,3%. Já nos municípios de 10 a 20 mil habitantes, esse percentual representava o dobro (13,7%), sendo que a metade da população vivia com até ½ salário mínimo *per capita*. No meio rural, comparativamente, as condições de renda eram mais graves ainda: 21% das pessoas tinham rendimento *per capita* de até R$ 70, cerca de 39% viviam com até ¼ de salário mínimo *per capita* e aproximadamente 66% com até ½ salário mínimo *per capita* (IBGE, 2010).

Sabemos também que os mais pobres têm menor acesso à energia elétrica, ao abastecimento de água, ao esgotamento sanitário e a banheiro em suas casas. A disparidade de acesso se expressa também do ponto de vista regional e por porte de município. Enquanto na região sudeste 82,3% dos domicílios possuíam, em 2010, condições adequadas de saneamento, na região norte o percentual alcançava apenas 22,4% dos domicílios. Se a média nacional era, em 2010, de 61,8% de domicílios com saneamento adequado, nas cidades com até 5 mil habitantes esta situação representava menos de um terço (30,8%) do total dos domicílios (IBGE, 2010).

Paralelamente, o índice de analfabetismo absoluto daqueles com mais de 15 anos entre os mais pobres chega a 22% nas cidades e a 30,3% nas zonas rurais, enquanto a média nacional é 9,6%. Entre jovens de 15 a 17 anos, o analfabetismo atinge 5,2% nas cidades e 7,2% nas zonas rurais. Os aspectos regionais aqui também revelam suas diferenças. Enquanto no sudeste 61,8% dessa população frequenta o ensino médio, no nordeste o percentual é de apenas 36,4%. Da população de 15 a 17 anos da zona urbana metropolitana, 59% frequentam o ensino médio, porém, na zona rural essa taxa é de 33,3%, ou seja, quase 25% menor (ABRAHÃO, 2009).

Nas áreas rurais, a pobreza produz símbolos mais invisíveis, mas não menos dramáticos que nas periferias urbanas. Neste caso, os programas de transferências monetárias são limitados.

Não se enfrenta este tipo de pobreza sem políticas de desenvolvimento social e econômico sustentável do território e, sobretudo, sem fortalecimento de competências e dos agentes locais. Sem este ancoradouro não se supera a pobreza. Isto significa pensar a vocação econômica do município e acionar oportunidades de desenvolvimento, da mesma forma desenvolver competências dos gestores municipais para operar com maior qualidade a oferta de serviços públicos básicos necessários ao alcance de melhorias da qualidade de vida pela população.

A política de assistência social é tensionada entre duas opções diversas: uma que busca enfrentar as desigualdades sociais e reduzi-las; outra que procura "acomodar" e mitigar as condições adversas resultantes da desigualdade social. Essa tensão é bastante clara quando se observa a ênfase política dada ao conjunto de transferências e prestações não contributivas, distintas das prestações contínuas dos serviços sociais básicos.[7]

Já em 2006, Sposati, em seu artigo O primeiro ano do Sistema Único de Assistência Social, destacava a forte disparidade entre o montante de recursos destinados ao financiamento de benefícios, em face dos serviços ou da rede socioassistencial. Na época, o recurso financeiro para o Benefício de Prestação Continuada (BPC) no orçamento federal era oito vezes maior que o dos serviços socioassistenciais, e quando somado aos recursos do Programa Bolsa Família a

---

7. A implantação do Suas e o caráter massivo do Bolsa Família deixaram explícitas duas formas de financiamento federal na Assistência Social: a) fundo a fundo, direcionada para os serviços socioassistenciais; e b) valor de transferência em benefício direto ao cidadão. Trata-se de dois modos de transferência: uma entre órgãos públicos, ou melhor, fundos públicos, e outra, direta ao beneficiário. Esta segunda forma é de montante muito superior ao financiamento dos serviços (SPOSATI, 2006).

discrepância aumentava para catorze vezes. Nesse sentido, Sposati (2006, p. 98) já alertava para a baixa incidência da cobertura da rede de serviços socioassistenciais.

Tensão que também estava presente na disparidade do gasto entre as políticas públicas e entre os entes da federação, como problematiza Afonso (2006, p. 15):

> A função de assistência social registrou um gasto de exatos 1% do PIB, em 2004. É um montante expressivo que supera o gasto público somado em Habitação, Saneamento, Gestão Ambiental e Cultura. [...] A divisão federativa da Assistência foge do padrão dos demais gastos sociais e se aproxima do caso da previdência, refletindo a opção por gastos crescentes nos programas de transferência de renda, com expressiva concentração no governo central (72% do gasto nacional), enquanto os Municípios pesam muito mais do que os Estados (19% contra 9%).

Embora o programa Bolsa Família possua pelas suas condicionalidades um desenho multissetorial não conseguiu, ainda, uma implantação intersetorial, pois como afirma Afonso (2006, p. 15), não conquistou "uma abordagem integrada com outras políticas públicas sociais, bem como com as políticas de desenvolvimento regional ou local, que, em ambos os casos, permitissem enfrentar essa questão estrutural".

Com a implantação do Suas/2005, observa-se um esforço inédito comparado a outras políticas sociais quanto à sua expansão, em particular a rede de Cras,[8] entretanto, estes padecem de um baixo investimento; as equipes técnicas alocadas são insuficientes e apresentam no geral precária formação, assim como ausência de adequada infraestrutura física e, consequentemente, restrições a inovações substantivas.

Mas essa questão é generalizável quando se observa o investimento social nos demais serviços públicos operados por outras polí-

---

8. Em 2007, eram 4.195 Cras implantados no território nacional; em 2011, foram registrados 7.477 Cras distribuídos em 5.416 municípios (BRASIL, Censo Suas, 2012).

ticas. O forte aumento dos benefícios sociais nos últimos anos não foi acompanhado de melhoria na oferta e no acesso universal a serviços públicos. Estamos assistindo à baixa qualidade na prestação dos serviços, assinaladas pelos índices de desempenho e pelo monitoramento de seus resultados.

Para enfrentar as desigualdades, os serviços com qualidade são indispensáveis. Não bastam as transferências monetárias; é por meio dos serviços que se desenvolvem competências substantivas capazes de romper as malhas da desigualdade. Estudo recente realizado pelo economista Claudio Dedecca, da Unicamp (2013), conclui que o Programa Bolsa Família, embora tenha permitido o maior acesso a bens de consumo, não alterou o estado de pobreza e dependência a transferências monetárias, pois as famílias continuam sem acesso a serviços públicos de qualidade (DEDECCA, 2013).

Nesse sentido, é necessário construir uma oferta integrada de serviços, programas e benefícios, que pressuponha uma articulação institucional entre a oferta entre os entes da federação e os serviços e programas da rede estatal e das entidades socioassistenciais. A retomada pelo Estado de uma ação pública, delegada tradicionalmente a iniciativas filantrópicas da sociedade civil, pressupõe assegurar todos os direitos socioassistenciais e firmar compromissos públicos entre os diversos atores e organizações que operam a proteção social.

A redução das desigualdades sociais exige uma nova agenda de políticas de inclusão, orientada a debilitar os fatores geradores de dinâmicas produtoras das disparidades e desproteções sociais, e a promover a inserção social em suas múltiplas dimensões (GOMÀ, 2004).

Mas também exige inovação nos processos de proteção social que devem funcionar como motor estratégico na ampliação do universo sociocultural e da participação, ingredientes necessários para mover mudanças a partir do próprio sujeito da política. Sem dúvida, tais processos não substituem o papel central da própria política pública, pois as estruturas de oportunidades advêm de políticas de Estado fundadas na lógica da cidadania para todos, afirmando o campo da universalidade.

Agir no binômio família-território

Se na política de assistência social a família e o território ganharam centralidade como eixos estratégicos na produção da proteção social, é, portanto, condição necessária trabalhar família e território como dupla relacional. Este é um segundo desafio, pois embora tenhamos avançado conceitualmente, há ainda pouco investimento nessa direção.

Sabemos que riscos e vulnerabilidades sociais extrapolam em muito a dimensão da renda. Por isso a necessidade de oferta simultânea de serviços de assistência social para assegurar integralmente a promoção e a defesa de direitos e seguranças socioassistenciais. O trabalho social aborda aspectos objetivos e subjetivos relacionados às seguranças de convivência, acolhida e desenvolvimento de autonomia, potencializando as capacidades de fortalecer, recuperar e preservar a função protetiva das famílias.

Para garantir proteção a famílias em situação de vulnerabilidade, já assumimos a importância de lhes assegurar o acesso a serviços básicos, mesmo sendo um desafio. Mas esse quesito é insuficiente. As redes sociais presentes no território precisam ser envolvidas na garantia de vínculos relacionais e de pertencimento, condição imprescindível para ganhos duradouros de proteção e inclusão social.

Assim conjugada, a ação junto às famílias pressupõe a mobilização e a articulação das forças sociais do território — organizações, serviços, programas e projetos —, visando ao fortalecimento da proteção e ao desenvolvimento social.

Essa, porém, não é uma tarefa simples. Os serviços socioassistenciais são ainda escassos e atuam em territórios marcados pela vulnerabilidade e pelo isolamento social; são territórios onde predominam igualmente a escassez do conjunto de serviços básicos, quase sempre conduzidos de forma precária e com pouca qualidade.

Nestes territórios ocorre um círculo perverso e reiterativo de mão dupla: por um lado, populações que resistem às poucas, rarefeitas e descontínuas intervenções públicas; por outro, políticas públicas que não chegam a esses territórios na forma de equipamentos/serviços com um articulado espectro de possibilidades de ampliação de repertório sociocultural e alteração de qualidade de vida.

Há mesmo um risco que atravessa todos os serviços públicos e suas intenções de mudança. Os serviços enredam-se rapidamente num processo homogeneizador e com baixa intensidade de articulação nos territórios, ratificando a segregação de oportunidades culturais e não incidindo duradouramente nos efeitos de vulnerabilidades sociais cumulativas.

Nesta perspectiva, afirmamos a importância de que a proteção social ganhe capilaridade nos territórios, combinando ações voltadas a articular e fortalecer serviços e redes sociais existentes e redes multi-institucionais e intersetoriais, induzindo e promovendo processos e ações de maior densidade e impacto na vida do cidadão. Embora não seja uma questão recente, a novidade maior na gestão da política social pública é a de ação em redes e conformação de programas em rede. Por isso mesmo os serviços socioassistenciais devem conquistar ancoragens intersetoriais e interinstituições no território para propiciar uma rede e uma gestão territorializada mais alargada de proteção social.

Sem dúvida, a assistência social tem seu campo próprio de ação no conjunto da política social, mas tornou-se necessário articular-se proativamente na ação intersetorial com as demais políticas. Mesmo possuindo hoje um modelo socioassistencial mais orgânico, as características que assumem as expressões da questão social exigem uma intervenção pública que transversalize as ações da política social; articule e potencialize a ação das redes sociais existentes protagonizadas pela sociedade civil e comunidades territoriais; e, fundamentalmente, introduza a voz da população em situação de vulnerabilidade, assegurando participação e inovação nos modos como se processam a proteção social.

As vulnerabilidades que as famílias apresentam atravessam todas as dimensões de seu cotidiano existencial: habitação, renda, trabalho, saúde, identificação civil e social, educação, convivência sociocomunitária, suportes e apoios à própria dinâmica intrafamiliar. Para atender a essas necessidades e demandas das famílias, é preciso atuar na mobilização e na indução de ações públicas multissetoriais, no fortalecimento e na disponibilidade de redes locais de intervenção social e na readequação constante da oferta programática disponível, a fim de assegurar a atenção e apoio individual/grupal às famílias; um dinâmico e efetivo suporte territorializado e múltiplas oportunidades de convivência, aprendizagem e produção de melhoria na qualidade de vida.

No entanto, atender às necessidades e às demandas das famílias pressupõe acionar processos e relações que mobilizem a coautoria delas na própria melhoria de suas condições de vida, na aquisição de habilidades necessárias à sua integração nas redes locais, assim como ganhos de autonomia progressiva para enfrentar, com êxito, as condições estruturais, geralmente associadas a situações de pobreza.

Inclui, portanto, uma ação voltada a articular e fortalecer as redes comunitárias e públicas na oferta e na produção de serviços e programas sociais complementares de capacitação, convivência, apoio de proximidade, lazer, desenvolvimento de capacidades, melhoria de habitabilidade, empreendimentos produtivos geradores de trabalho e renda. Não há mais possibilidade de pensar em prover proteção social sem o consórcio dos demais serviços, espaços, sujeitos, oportunidades e relações existentes no território, o que pressupõe uma concepção integral e integrada de atenção de demandas sociais e de articulação de recursos e esforços.

Nesta óptica, é preciso considerar a heterogeneidade das famílias, tanto no grau e extensão das vulnerabilidades que apresentam quanto nos arranjos familiares que constroem. Não há um padrão único de desempenho da família. As famílias ostentam diversas formas de expressão, condições de maior ou menor vulnerabilidade afetiva, social ou econômica, ou ainda fases de seu ciclo vital com maior vulnerabilidade, disponibilidade e potencial. Não é possível oferecer *kits* padronizados de trabalho social ante as diversas expressões de pobreza e fragilidade que as famílias apresentam. É preciso, considerando essa heterogeneidade, contemplar processos, estratégias e prazos diversos para produzir melhoria na condição de vida das famílias, intervindo em vulnerabilidades, respeitando e acolhendo valores, cultura, projetos de vida.

Adensar a pesquisa e inovação na condução das ações socioassistenciais

A sociedade contemporânea tecida pela velocidade das mudanças culturais, científicas e tecnológicas exige inovações contínuas no desenho e estratégias da política, mas também inovações metodológicas e processuais na condução da proteção social.

Já conquistamos inúmeros avanços no campo dessa política: desde a regulação e implantação de serviços, programas e benefícios socioassistenciais até maior consciência nacional quanto às desigualdades sociais e suas resultantes; há na sociedade um sentimento de intolerância com situações de pobreza persistente e aspiração por maior equidade. Nesse contexto, é hora de qualificar a oferta da proteção social, o que implica avançar em novos conteúdos programáticos e desenhos metodológicos de intervenção e no estabelecimento de padrões de funcionamento, qualidade e resultados dos serviços ofertados.

Nunca é demais insistir que a sociedade em que vivemos — e nela o estágio produtivo alcançado — tornou-se extremamente excludente com aqueles que não dominam seus códigos. Para dominar esses códigos, a maior escolaridade tal qual conhecemos deixou de ser suficiente. É preciso adquirir outras habilidades no plano da sociabilidade, exercício de valores, ampliação de repertórios socioculturais, participação na vida pública, fluência comunicativa e domínio de outras linguagens, de forma a se sentir competente para acessar as riquezas da sociedade e obter ganhos de pertencimento e reconhecimento de sua cidadania. Portanto, temos o desafio da inovação de agendas, metodologias, estratégias e processos de proteção social.

Tanto o programa Brasil sem Miséria quanto outros similares, em alguns outros Estados, nos abrem oportunidades de inovação e nos instigam a pesquisar e repensar agendas e processos protetivos que considerem:

- Como partir das demandas e interesses da família invertendo uma agenda de oportunidades ainda hoje centrada nas decisões governamentais e na oferta de pacotes padronizados? Como reconhecer e caminhar a partir de agendas definidas pela família e coletivos territoriais?

- Como conhecer e partir dos saberes vividos pelos grupos em situação de vulnerabilidade? Como revelar e valer-se de seus aprendizados prévios, seus talentos e forças para mover novos aprendizados?

- Como operar grupos socioeducativos e de convivência colocando efetivo foco no desenvolvimento da capacidade comunicativa, porta necessária à ampliação de capital sociocultural?

- Como articular os agentes das cadeias produtivas presentes no território e com elas propiciar inclusão produtiva?

- Como alterar qualidade de vida investindo mais assertivamente na habitabilidade e no conforto socioambiental?

- Como propiciar aos jovens uma formação que incida efetivamente no desenvolvimento de competências para circularem em seu meio com maior autoconfiança?

- Como motivar e enfrentar a inércia que toma conta dos mais pobres na busca de padrões de vida mais dignos?

- Como processar ganhos de inventividade na proteção de populações moradoras de rua, em situação de drogadição ou fortemente violadas nos seus direitos?

- Como criar novas combinações programáticas na oferta de aprendizagens com base na constituição de espaços em rede e de programas em rede?

A construção de respostas para essas e muitas outras questões nos instigam a repensar os processos de formação, qualificação e profissionalização dos diversos técnicos que intervêm na fazer da política. O trabalho social, como mediação, demanda reflexão, sistematização e construção de percursos metodológicos e processuais.

Sem dúvida, para tal, os trabalhadores sociais necessitam de formação, mas aquela que lhes permita tecer relações entre a ação/reflexão/ação, que promova a troca de experiências e intercâmbios que ampliem visões e propiciem o desenho e a experimentação de novos processos de ação. E este é um grande desafio para as universidades e centros de formação.

O trabalho desenvolvido nos Cras e Creas exige melhor formação para costurar a destinação de benefícios com processos e projetos socioassistenciais voltados a alcançar resultados protetivos da maior importância: a melhoria da qualidade de vida, ganhos de pertencimento social, maior autonomia da família e resolutividade para operar seu cotidiano de vida.

A matéria-prima da ação de assistência social é a articulação de medidas, processos, serviços, programas sociais que viabilizem as seguranças socioassistenciais, inclusão e desenvolvimento de autonomia e a promoção de competências substantivas junto às famílias estigmatizadas pela pobreza, para que elas circulem nessa sociedade complexa com maiores recursos socioculturais.

Em outras palavras, a proteção social pressupõe tornar a família mais competente para acessar e usufruir de bens, serviços e riquezas societárias.

Centralidade da família nas políticas públicas: afinal, do que se trata?

São várias as dimensões contidas nas relações entre a família e as políticas públicas. Discuto aqui algumas delas, buscando ressaltar a relevância da família, tida como um espaço de âmbito privado, mas presente como sujeito coletivo na esfera pública.

A primeira dimensão diz respeito ao fato de que o exercício vital das famílias é semelhante às funções das políticas sociais. Ambas visam dar conta da reprodução, desenvolvimento e proteção social dos grupos que estão sob sua responsabilidade. Se, nas comunidades tradicionais, a família se ocupava quase exclusivamente dessas funções, na sociedade contemporânea as responsabilidades de desenvolvimento e proteção são compartilhadas com o Estado pela via das políticas públicas.

Família e Estado são instituições imprescindíveis ao bom funcionamento das sociedades capitalistas.[1] Os indivíduos vivendo em sociedade necessitam, além de bens e mercadorias, de serviços que não podem ser obtidos por meio do mercado. Dependem dos serviços públicos ofertados pelo Estado, embora a família continue sendo a grande provedora de afeto, socialização, apoio mútuo e proteção.

---

1. Ao respeito, consultar o estudo de Marcelo M. C. de Souza (2000).

Em seus respectivos âmbitos de atuação, o Estado e a família desempenham papéis correlatos: regulam, normatizam, impõem direitos de propriedade, poder e deveres de proteção e assistência. Família e Estado funcionam como filtros redistributivos de bem-estar, trabalho e recursos (SOUZA, 2000). Desde essa óptica, são imprescindíveis ao desenvolvimento e proteção social dos indivíduos.

Entretanto, o Estado moderno, de direito, que hoje conhecemos, reduziu e mesmo obscureceu várias das atribuições substantivas da família. Desde o pós-guerra, nos países capitalistas centrais, a oferta universal de bens e serviços proporcionados pela efetivação de políticas públicas pareceu mesmo descartar a família, privilegiando o indivíduo como sujeito de direito. Nesse sentido, apostava-se que a família seria prescindível, substituível por um Estado protetor dos direitos dos cidadãos.

Nas décadas mais recentes, tanto nos países centrais quanto, sobretudo, nos países da periferia capitalista, a família volta a ter uma centralidade que precisa ser compreendida.

Refletindo particularmente sobre a experiência brasileira, é possível observar que, nos anos 1970, a opção das políticas sociais era justamente a de incidir na configuração das famílias, via uma intervenção clara na função da mulher. Tratava-se de ofertar a ela condições e desenvolvimento de habilidades para melhor gerir o lar, do ponto de vista da economia doméstica e do planejamento familiar. Foi o tempo e a vez dos chamados clubes de mães. Ao mesmo tempo, e cada vez mais, tratou-se de ofertar capacitação para o ingresso da mulher no mercado de trabalho. É preciso relembrar que os anos 1960 e 1970 foram tempos de *boom* econômico e de carência de mão de obra, da emergência do movimento feminista e de liberação sexual e do desejo de reduzir e controlar o próprio tamanho da família.

Nesse contexto, muitos dos trabalhadores sociais se valiam de uma perspectiva disciplinadora e conservadora na realização de oficinas socioeducativas com mulheres, visando capacitá-las no planejamento familiar para, assim, reduzir a prole numerosa, criando condições para o seu ingresso no mundo do trabalho.

De várias formas, esses fatores que colocavam ênfase na mulher e na busca da sua emancipação, inserindo-as no mercado de trabalho, tensionavam o papel protetivo e de cuidados que pertencia ao âmbito familiar, mas também aquele referente ao do próprio Estado que teria de criar condições efetivas de oferta dessas proteções para as famílias brasileiras.

Foram resultantes destas tensões os clubes de mães — dos anos 1960 e 1970 — em pleno tempo da ditadura militar, quando as mulheres cunharam os grandes movimentos de luta por creches, saúde, moradia, entre outros, que eclodiram nos anos 1980. De certa forma, esta organização também foi resultado de um trabalho social, com uma perspectiva emancipadora que promovia espaços de conversa, convivência, discussão sobre a expressão da labuta na pobreza e formulação de projetos de vida individuais e coletivos.

A década de 1990 revelou um movimento pendular e contraditório na relação Estado e família. Com o advento da nova Constituição brasileira, o foco estava dado na conquista e garantia de direitos sociais. Vejamos, por exemplo, a importância do debate e do olhar da sociedade quanto aos direitos de crianças e adolescentes. O Estatuto da Criança e do Adolescente (ECA/1990) irá recuperar e reforçar o papel da família, mas sobre a perspectiva das necessidades de proteção e desenvolvimento integral de crianças e adolescentes. Lembremos o *slogan* da época: "Lugar de criança é na família, na escola e na comunidade".

Entretanto, também a partir da década de 1990, o Brasil, inserido no contexto internacional, passa a operar um processo de reforma do papel do Estado, e a reestruturação das políticas setoriais foram feitas com base no reforço da responsabilidade da família.

Não se trata aqui de afirmar a participação da família no sentido conservador e neoliberal de rateio do custo ou desresponsabilização do Estado, mas de compreender por que o Estado, via políticas sociais, não esgota a função de proteção.

Note-se que mesmo na estruturação dos Estados de bem-estar, em que se reconheceu a responsabilidade coletiva na reprodução social, biológica e do cotidiano, a família continuou a ser pilar fundamental para a organização social. A proteção e a reprodução social, nos anos dourados do *Welfare State*, pareciam transformar-se em missão quase exclusiva de um Estado social de direito dos cidadãos. Parecia que o indivíduo, "promovido" a cidadão, podia trilhar sua vida apenas dependente do Estado e do trabalho, e não mais das chamadas solidariedades sociofamiliares. Isso no embalo da urbanização e da transnacionalização acelerada, com promessas de uma sociabilidade planetária. De fato, a realidade vem mostrando, para além das pesquisas, que as redes de solidariedade familiar e comunitária — e as sociabilidades por elas engendradas — se mantiveram como condições privilegiadas de proteção e pertencimento a um campo relacional, essencial mesmo em nossas sociedades contemporâneas.

Certamente, as crises que enfrentaram os Estados de bem-estar, de natureza fiscal, ideológica e de legitimidade, contribuíram para a maior visibilidade da complementaridade de responsabilidades na provisão de proteção entre o Estado, o mercado e as famílias. Essa alteração tão radical só foi possível diante do redimensionamento do papel da família e da comunidade como lugares e sujeitos imprescindíveis de proteção social: "À luz dos inúmeros trabalhos dos últimos cinco anos, vê-se claramente que solidariedade familiar e serviço coletivo funcionam em complementaridade ao Estado e não podem substituir-se um ao outro" (MARTIN, 1995, p. 63).

Nova compreensão que resultou, por exemplo, no descrédito das soluções institucionalizadoras em grandes equipamentos como orfanatos, internatos, manicômios e asilos para a oferta pública de proteção social a doentes crônicos, idosos, jovens e adultos dependentes ou crianças e adolescentes "abandonados". Proteção social nunca poderia resultar do estado de reclusão e isolamento social, familiar e comunitário. Nessa direção, a política social introduz serviços de proximidade voltados à família e à comunidade territorial, sem descartar, no entanto, a responsabilidade coletiva e pública da proteção social.

Mas a necessidade de repensar o nexo entre Estado, mercado e famílias em termos de proteção é também exigência diante dos novos riscos e vulnerabilidades sociais nas sociedades contemporâneas, decorrentes das transformações verificadas no mercado de trabalho, da persistência das enormes desigualdades, das mudanças demográficas, com o crescente envelhecimento da população. Resulta também da necessidade de analisar qual é o papel das famílias e das redes de proximidade, numa sociedade em que preponderam a exacerbação do individualismo e a sensação de insegurança e desproteção diante da perda de referências universais e institucionais.

Família, esfera de encontro humano e espaço de intersecção necessária com a esfera pública

A família como expressão máxima da vida privada é lugar da intimidade, da construção de sentidos e da expressão de sentimentos, é uma esfera de encontro humano e de história de vida, em que se expõe o sofrimento psíquico que a vida de todos nós põe e repõe diante das exigências postas pelo dia a dia em sociedade e em constante mutação. É justamente a família quem processa as relações necessárias à socialização dos indivíduos, que assim desenvolvem o sentido de pertença a um campo relacional iniciador de conexões na própria vida em sociedade. A família continua a significar o lugar de mediação primeira entre o indivíduo e a sociedade e, por isso mesmo, um lugar de exercício do poder moral.

Nesse sentido, a família desempenha não somente funções de reprodução biológica, como também de reprodução social e construção de identidade. Lembremos Agnes Heller (1989, p. 45) que, apoiando-se em Hegel, recorda a ideia de que a família "é considerada a única integração moderna na qual o poder moral está relacionado com a intimidade". Isto porque a família processa no seu interior, a partir de relações fraternas, mas também de dependência, hábitos, crenças, convenções normativas e de reposição de valores exigidos na vida em sociedade. Assim, é uma construção humana partícipe plena das mudanças e transformações que ocorrem na sociedade, que pressupõem adaptações constantes no seu interior. Nesse sentido, Agnes Heller (1999, p. 65) já afirmava:

> a decomposição da estrutura familiar se apresenta como perda da segurança, a perda tanto do lar metafísico quanto do empírico. A ameaça parece ainda mais grave por causa da transformação das experiências da vida cotidiana, com a introdução, nos lares e mesmo na vida íntima, de uma tecnologia sempre em mudança. Tem se que mudar hábitos, ideias, credos — e reaprender praticamente tudo três vezes na vida. Quanto tempo se consegue resistir?

Nas contínuas mudanças que se processam, a família é um microcosmo da sociedade. Tomemos, como exemplo, as alterações ocorridas na própria convenção do casamento. Ao longo do último meio século, especialmente nos países ocidentais, o casamento passou a representar, ao menos em princípio, um encontro de iguais e não uma relação patriarcal; apoiado em laços emocionais, forjados e mantidos com base em atração pessoal, sexualidade e emoção, e não meramente determinado por razões econômicas, como já fora no passado.

Quanto mais o casamento tendeu a um relacionamento entre iguais, mais ele se tornou precisamente um símbolo público desse relacionamento. Segundo Giddens (1996), constituir relacionamentos igualitários e garantir sua continuidade implica uma forma de confiança ativa, induzindo relações familiares mais horizontais, que expressem os próprios valores democráticos esperados na vida política e na esfera pública.

Ambos dependem daquilo que Giddens (1996), citando David Held, chama de princípio de autonomia. Em uma organização mais ampla ou em relacionamentos, o indivíduo precisa ter a autonomia material e psicológica necessária para entrar em efetiva comunicação com os outros. O diálogo, livre do uso de coerção, é o meio não só de resolver disputas, mas também de criar uma atmosfera de tolerância e construção coletiva.

A família, mesmo sendo um lugar privilegiado da esfera privada, ao processar valores sociais no seu interior, funciona e exerce interface com a dimensão da vida social e a esfera pública.

E, nesse sentido, precisa ser situada no bojo do movimento, de processos, sujeitos e espaços de constituição da esfera pública e da própria democracia, consolidando a participação da sociedade civil na elucidação e gestão das questões públicas.

Família e convivência comunitária como campos de proteção social

O Estado, por meio de políticas de seguridade, oferta proteção social como direito inalienável dos cidadãos; mas as ações de proteção, como vimos, não são exclusivas do campo estatal. Ao contrário, há um tipo de proteção — preciosa — que advém das redes de relações de proximidade geradas pela família, grupos e organizações comunitárias do microterritório. Não considerar a família e as comunidades significa desconsiderar um campo de proteção.

Isto porque, coincidindo com Di Giovanni (1998, p. 10), entendemos proteção social como as formas

> às vezes mais, às vezes menos institucionalizadas, que as sociedades constituem para proteger parte ou o conjunto de seus membros. Tais sistemas decorrem de certas vicissitudes da vida natural ou social, tais como a velhice, a doença, o infortúnio, as privações. Incluo neste conceito também tanto as formas seletivas de distribuição e redistribuição de bens materiais (como a comida e o dinheiro), quanto os bens culturais (como os saberes) que permitirão a sobrevivência e a integração,

sob várias formas na vida social. Incluo, ainda, os princípios reguladores e as normas que, com intuito de proteção, fazem parte da vida das coletividades.

A dimensão do convívio social, da convivência familiar e comunitária é indispensável à proteção social. Note-se que o convívio é uma das seguranças socioassistenciais estipuladas pela PNAS/2004, e a convivência comunitária é princípio e direito de proteção integral do grupo infantojuvenil, segundo o ECA/1990.

Embora explícitos no campo normativo, só muito recentemente estamos traduzindo estas normas/princípios em pedagogias de convivência comunitária do ponto de vista das políticas públicas. O pressuposto básico, por exemplo, no ECA, é de que crianças e adolescentes precisam de família e de convivência comunitária; o mundo das crianças e adolescentes se inicia na família e se alarga via o convívio social e participação na vida pública.[2]

A construção do sentido de pertença e de iniciação ao mundo público depende do convívio social e comunitário. A comunidade é necessária para completude do sentido de ser social, sua percepção de humanidade e apreensão de mundo.

Note-se que comunidade e microterritório no senso comum quase sempre se confundem.

Para Milton Santos (2000, p. 22), o território em si não é um conceito. Só se torna conceito utilizável para análise social quando o consideramos a partir do seu uso, a partir do momento em que o pensamos com aqueles atores que dele se utilizam. Nesse sentido, pode ser entendido como lugar onde pulsa o cotidiano vivido por um coletivo. Comunidade refere-se ao coletivo de pessoas que produzem relações de reciprocidade e proximidade para mover seu dia a dia.

---

2. O Plano Nacional de Promoção, Proteção e Defesa do Direito de Crianças e Adolescentes à Convivência Familiar e Comunitária define parâmetros para garantia desses direitos. Hoje podemos dizer que estamos traduzindo promoção e garantias de direito em pedagogias de convivência familiar e comunitária.

De outro lado, não há consenso entre os estudiosos sobre a pertinência da noção de comunidades na sociedade contemporânea. De fato, a comunidade tradicional vai se desfazendo na fase de industrialização da sociedade capitalista. O sentido que sempre se atribuiu à noção de "comunidade", o de "compartilhamento fraterno", reafirmando o direito de todos a um seguro protetivo comunitário (COSTA, 2005b) — fragilizou-se no emaranhado da vida urbana. O conceito de comunidade foi se perdendo e mesmo sendo questionado, pois a alta urbanização pareceu solapar um modo de relações caracterizado pela interpessoalidade, reciprocidade e ajuda mútua. No imaginário societário, a cidade e a cidadania prescindiam de comunidade.

A introdução do debate do território e a referência aos microterritórios como lugares vivos, espaços de identidade, construção e pertencimento talvez sejam uma retomada em novas sínteses da importância da dimensão dos vínculos inerentes à vida comunitária que foram descartados quando a realidade urbana e industrial se torna dominante na sociedade. Recupera-se não propriamente a comunidade tradicional, mas o sentido da proximidade e de fortalecimento de relações voltadas à interação e à participação cooperativa no cotidiano de vida local. Ou melhor, a retomada da importância das relações que energizam os processos de troca afetiva, convivência sociocultural, produtiva, e a mobilização dos múltiplos recursos de proximidade para se viver.

É nesta direção que se registra hoje no campo da política social a adesão a termos que qualificam a noção político-administrativa de cidade com aspectos vinculados ao campo relacional. Assim, é cada vez mais comum a demanda por cidades educadoras, cidades protetoras, cidades sustentáveis. Qualificar as cidades é expressão da necessidade de humanização das relações.

Por outro lado, também é verdade que a noção de comunidade precisa ser alargada, dada a complexidade dos vínculos e novas conexões e interconexões possíveis numa sociedade que, como Rogério da Costa (2005a, p. 244) destaca, se parece mais com uma "rede social" do que com uma comunidade, na sua acepção tradicional.

Novas formas de comunidade surgiram, o que tornou mais complexa nossa relação com as antigas formas. De fato, se focarmos diretamente nos laços sociais e sistemas informais de troca de recursos, teremos uma imagem das relações interpessoais bem diferente daquela com a qual nos habituamos. [...] Se solidariedade, vizinhança e parentesco eram aspectos predominantes quando se procurava definir uma comunidade, hoje eles são apenas alguns dentre os muitos padrões possíveis das redes sociais. [...] Estamos diante de novas formas de associação, imersos numa complexidade chamada rede social, com muitas dimensões, e que mobiliza o fluxo de recursos entre inúmeros indivíduos distribuídos segundo padrões variáveis.

De fato, a internet e as redes sociais tornaram-se proeminentes na era da comunicação e interação. Mas também há novas demandas, que postulam a sua potencialização na formulação de projetos coletivos, explícitas, por exemplo, na definição do que Ladislau Dowbor (2013) denominará como "cidades inteligentes", ou seja, capazes de potencializar na gestão pública processos que combinem compartilhamento da informação, planejamento participativo, conectividade, embasada nas novas tecnologias, bem como na organização comunitária e nos conselhos de desenvolvimento. Mesmo que o processo de interconexão virtual minimize o contato físico entre seus participantes, ele pode ser ressignificado, principalmente, se pensarmos em megalópoles como São Paulo.

Há ainda, conforme Bauman, um princípio subversivo na concepção coletiva e comunitária, o da "obrigação fraterna de partilhar as vantagens entre seus membros, independentemente do talento ou importância deles", que contesta uma sociedade capitalista exacerbadamente individualizante. E acrescenta: "indivíduos egoístas, que percebem o mundo pela ótica do mérito (os cosmopolitas), não teriam nada a ganhar com a bem tecida rede de obrigações comunitárias, e muito que perder se forem capturados por ela" (BAUMAN, 2003, p. 59).

Sem pretender esgotar esta polêmica, o fato é que os vínculos sociorrelacionais são hoje imprescindíveis. São novas as expressões que conformam os vínculos relacionais de proximidade que podem ser tecidos em redes sociais alargadas no território de moradia, mas igualmente num território de vida que extrapola esse da moradia. Essa é a diferença num mundo de alta mobilidade e de conexões virtuais, não só presenciais. Vizinhança e parentesco são apenas alguns entre os muitos padrões possíveis das redes que mobilizam o fluxo de recursos entre inúmeros indivíduos (COSTA, 2005).

Robert Castel (1995), ao discutir processos de inclusão e exclusão sociais, retoma o papel dos vínculos sociais e relacionais como fontes de inclusão social. Indivíduos com trabalho e vínculos sociofamiliares encontram-se potencialmente incluídos nas redes de integração social; quando da sua ausência, podem tanto passar para zonas de vulnerabilidade social (expressas em graus variados de desproteção social) como derivar em processos de desfiliação, caracterizados pela ruptura dos vínculos sociais.

De fato, vínculos sociofamiliares asseguram ao indivíduo a segurança de pertencimento social. Nessa condição, o grupo familiar e a comunidade constituem condição objetiva e subjetiva de pertença, que não pode ser descartada quando se projetam processos de inclusão social.

Portanto, o que está em pauta quando se retomam as redes sociais ou comunidades são os vínculos sociorrelacionais que nelas se tecem e que guardam valores e atitudes como os da sociabilidade, convivência, cooperação, reciprocidade e confiança.

Isso exige um olhar de reconhecimento para detectar como se configuram essas relações, onde estão os pontos de tensão, entraves, mas também de fortalezas. Como veremos ao longo deste livro, não é mais possível intervir sem o conhecimento sobre o cotidiano das pessoas, sua circulação, suas relações, suas referências de identidade culturais, sociais e institucionais etc. Também faz parte desse processo conhecer as comunidades de hábitat destas famílias; conhecer os seus acessos, as precariedades e barreiras de acesso, mas igualmente as fortalezas nelas contidas. É preciso fazer uma cartografia desses territórios vividos pontuando os serviços existentes, os grupos de convivência, a rede social que dinamiza a vida comunitária, os projetos que movem os sujeitos da comunidade, as formas de sociabilidade e lúdicas, de apoio mútuo, de ensino e aprendizagem e de serviços de proximidade que ali existem, como revela a experiência Vozes do Cabuçu, uma contribuição dos moradores no desenho urbano do território, que consta na Parte II do livro.

Trata-se de saber ler e interpretar as novas formas de implicação, expressas nos vínculos estabelecidos com associações locais e as diversas redes e, igualmente, na ocorrência de ações coletivas, configurando, assim, alguns indicadores básicos de convivência e pertencimento.

Todavia, num país de tamanho continental como o Brasil, há de se atentar para um caleidoscópio de realidades no qual o urbano também comporta comunidades tradicionais e/ou zonas rurais, em que a realidade de pequenos municípios de até 2.000 habitantes se mistura nos territórios de fronteira das metrópoles de mais de um milhão de habitantes, sinalizando para diferentes destinos e possibilidades de inclusão nas cidades, bem como para diversas trajetórias de convivência comunitária e de redes sociais de pertencimento.

Nos pequenos municípios, o registro de comunidades tradicionais com níveis mais expressivos de reciprocidade, identidade e coesão social que permanecem como seguros protetivos, enfrenta o desafio de políticas de desenvolvimento social e econômico sustentável e, sobretudo, de fortalecimento de competências locais e dos agentes institucionais e sociais.

São outras as expressões de coletivos e comunidades presentes nos grandes centros urbanos; coletivos que habitam territórios confinados, segmentados e marcados pela guetificação. Consequentemente, sofrem todo tipo de desqualificação e experimentam diversas formas de diminuição de sua potência como indivíduos e coletivos ao conviver entre a legalidade e ilegalidade no acesso à terra (ocupações irregulares/invasões), aos serviços de infraestrutura urbana e sociais (valem-se de "gatos" para usufruir de luz ou água, trabalham no mercado informal, praticam escambo como forma de aquisição de bens de sobrevivência) erodindo, assim, o tecido social capaz de induzir seu próprio desenvolvimento. Os vínculos de pertencimento e de relações sociofamiliares sofrem de instabilidade pela ausência de um suporte de políticas públicas de proteção social e são fragilizados pela violência, pelo medo, maus-tratos decorrentes da própria condição de confinamento a que estão sujeitos.

Para esses coletivos, os serviços públicos representam o mundo dos incluídos e não caminho para a inclusão. Em outras palavras, os serviços públicos representam circuitos de uma cidadania já reconhecida (território da legalidade) nos quais trafegam com alguma desconfiança, estranheza, como não pertencendo, dada a desqualificação que carregam como signo. Está aí uma das explicações para seu silêncio ou pouca voz. Dar voz e contribuir para a autoria da população foram os pressupostos metodológicos da experiência com famílias, também relatada na Parte II.

As diversas vozes permitem evidenciar os territórios vividos onde forjam suas expectativas e seus valores, os quais, em última instância, conformam suas escolhas e adesões. São estes os territórios e o desafio para o fortalecimento da convivência familiar, comunitária e projetos de inclusão social.

Desafios para o trabalho social

O primeiro deles é, sem dúvida, superar equívocos do olhar da política pública sobre a família. Mas afinal, o que é família?

Sabemos como ponto de partida que a família é compreendida como um núcleo afetivo, vinculado por laços consanguíneos, de aliança ou afinidade, em que os vínculos circunscrevem obrigações recíprocas e mútuas organizadas em torno das relações de geração e gênero (PNAS, 2004). Nesse sentido, conforme Mioto (2004), é um espaço de pessoas empenhadas umas com as outras, com vínculos familiares construídos em relação com outras esferas (Estado, mercado, associações, movimentos).

Contudo, como também vimos, se a família muda organicamente conforme muda a sociedade, não é possível partir de concepções estereotipadas de famílias e dos seus papéis familiares, fixados num modelo de família-padrão, nem falar de famílias desestruturadas.

O que existe são famílias com modos diversos de viver, arranjos, rearranjos, combinações e recombinações variadas. E é preciso entender que tais arranjos e rearranjos familiares têm sentido para as famílias que os vivem. As alterações na composição e arranjos familiares, e na vida familiar, convivem *pari passu* com a sociedade de hoje. Não há saudosismo possível a modelos e arranjos do passado. Há uma enorme diversidade de arranjos familiares produzidos nas relações de existência e sobrevivência na sociedade atual, marcados pelas suas novas e complexas dinâmicas. As famílias sendo microcosmos da sociedade induzem e também refletem as contínuas mudanças que se processam em âmbito societário.

Assim não é possível pensar de forma idealizada num padrão de desempenho da família. As famílias ostentam diversas formas de expressão, condições de maior ou menor vulnerabilidade afetiva, social ou econômica, ou ainda fases de seu ciclo vital com maior vulnerabilidade, disponibilidade e potencial.

A segunda questão, decorrente da anterior, diz respeito à necessidade de superar a visão que se tem da mulher como epicentro da intervenção, recuperando e dignificando o papel do homem, companheiro, pai, bem como dos outros membros, que, por consanguinidade ou por vínculos de apoio, fazem parte das referências familiares (ACOSTA e VITALE, 2003).

Esta opção vem sendo traduzida na consideração da figura paterna ou da figura masculina no grupo familiar. Perguntas são aqui oportunas: São famílias monoparentais ou carregam no seu cotidiano uma condição de família multiparental? São famílias vulnerabilizadas pela escassez de vínculos ou, ao contrário, possuem fortes laços parentais e de conterraneidade? Como analisar o funcionamento afetivo, educativo, econômico, das famílias monoparentais sem levar em conta as trocas ou as divisões (ou a ausência de trocas e as divisões) que operam no interior das redes nas quais estão inseridas? Como compreender sem considerar não somente a evolução destas famílias monoparentais e suas diversas recomposições, mas também as transformações das redes nas quais elas se inscrevem e das trocas que se efetuam no interior dessas redes?

A desmistificação da configuração familiar, de lugares instituídos que desconsideram as condicionantes estruturais de ordem econômica, social e cultural, permitirá desfazer a visão tutelar que caracterizou historicamente a assistência social, bem como superar seu caráter compensatório, com escasso investimento no desenvolvimento da autonomia do grupo familiar.

Daí a impossibilidade da oferta de *kits* de trabalho social sem a necessária adequação e mesmo alteração frente às diversas expressões de pobreza e vulnerabilidades que as famílias apresentam, e sem o estabelecimento de vinculação entre famílias e microterritório de pertença.

Complementação da renda familiar, apoio psicossocial e advocatício, educação popular, capacitação profissional, desenvolvimento de microempreendimentos familiares geradores de trabalho e renda, fortalecimento de convivência entre família e comunidade são, sem dúvida, ações imprescindíveis do trabalho social, mas que precisam ganhar especificidade e capilaridade nos processos de construção de projetos de vida autônoma nas diversas realidades enfrentadas pelas famílias brasileiras.

Assim, não há fórmulas para o trabalho social, mas processos, estratégias e tempos diversos para produzir melhoria na condição de vida das famílias, bem como reduzir vulnerabilidades, respeitando e acolhendo valores, cultura e projetos de vida. Isto porque a dimensão da heterogeneidade é chave estratégica para compreensão e intervenção. As famílias, mesmo em situação de vulnerabilidade, apresentam diferenças.

Há aquelas que habitam nas periferias das grandes cidades, em favelas, cortiços ou casas precárias/deterioradas; lutam pela inclusão social usufruindo de forma parcial e precária dos serviços sociais públicos que lhes são disponibilizados; convivem também com o trabalho precário e percebem-se apartadas da riquezas da cidade. São famílias que reagem de forma satisfatória a estímulos e oportunidades que se lhes apresentam, na difícil empreitada de conquistarem acesso à cidade e exercerem sua cidadania, e aos programas que lhes são destinados porque desejam inclusão e já possuem algumas competências e projetos de futuro. Não possuem, no entanto, quase nenhuma chance de adentrarem os espaços públicos e ganharem vez e voz na interlocução política. Por isso mesmo dizemos que constituem uma maioria silenciosa.

Para estas, os programas de transferência monetária são fundamentais tanto para enfrentar fases de vulnerabilidade (filhos pequenos, doença, separação do casal etc.), quanto para obter "fôlego" para projetar e desenvolver condições de vida mais sustentáveis. Porém, não atentamos para sua maior demanda: transferências monetárias para investimento em qualidade de vida (instalações de um banheiro, melhorias na casa, alternativas de saneamento...). Não basta, portanto, o benefício monetário como atenuante na sobrevivência cotidiana, é preciso construir caminhos de inclusão social e produtiva, com apoio técnico para investimento em qualidade de vida.

Há aquelas famílias que permanecem no circuito da chamada pobreza transgeracional, isoladas na paisagem rural, semianalfabetas, desnutridas... Para elas, sem dúvida, investir no desenvolvimento dos filhos é de fundamental importância.

Se as condicionalidades definidas na maioria dos programas de transferência monetária (atenção a saúde, matrícula, permanência e sucesso dos filhos na escola...) remetem às responsabilidades das famílias, há que exigir igualmente, como contrapartida, o empenho e a iniciativa dos serviços públicos, como escola e unidade básica de saúde, para introduzir modalidades complementares já abertas à sua implementação: a saúde com os agentes comunitários e Programa Saúde da Família; a educação com programas de aceleração de aprendizagem para crianças e adolescentes que abandonaram a escola ou ainda estão presentes nela, mas carregando fortes déficits de conhecimento, e outras iniciativas que possibilitem reais ganhos de instrução.

Estes serviços com certeza precisam garantir metas de atenção e monitoramento de seus resultados para que se obtenham efetivas reduções de mortalidade infantil e ganhos significativos de aprendizagem. Ainda assim, essa ação pública é insuficiente. Não se enfrenta este tipo de pobreza sem políticas de desenvolvimento local e, sobretudo, fortalecimento de competências e dos agentes locais. Sem este ancoradouro, não se supera a pobreza.

Outra realidade diz respeito a famílias moradoras de rua nos grandes centros urbanos, que apresentam históricos cumulativos de instabilidade afetiva, ocupacional e de moradia. Não se percebem possuindo territórios de pertencimento social. Parte deste grupo já apresenta comprometimentos em sua saúde mental produzidos pelos déficits que acumularam em suas trajetórias de vida. São igualmente famílias que apresentam déficits permanentes.

Essas famílias falam de um lugar de pertencimento onde cidadania parece não ser um valor; onde esfera pública tem pouco ou nenhum significado; onde o trabalho, igualmente, não se constitui em vetor privilegiado de inclusão social, apenas é funcional a imediata subsistência. A cidadania não sendo um valor no cotidiano vivido explica, em parte, a falta de aderência destas pessoas às muitas das intenções includentes que os programas e serviços de proteção social apresentam. Parece que esses programas ganham, até mesmo, um significado "desestabilizador" da precária — mas conhecida — segurança no restrito cotidiano vital deste grupo. Assim é quase natural a esses grupos buscarem proteção e apoio assistencial, e permanecerem dependentes dele. Optam pelos circuitos de uma "cidadania protegida". A inclusão social pela via de uma cidadania a ser conquistada é percebida como um caminho intangível.

Mas essas diferenças — embora exigindo intervenções sociais diferenciadas — não prescindem, no atendimento a suas necessidades, de ações voltadas ao próprio fortalecimento da família; à mobilização e à indução de ações públicas multissetoriais; ao fortalecimento e à disponibilidade de redes locais de intervenção social e readequação da oferta programática disponível, quando necessária.

Nessa perspectiva, a intervenção não é só com famílias, mas também nas forças sociais com o propósito de fortalecê-las nos territórios onde se pretende o desenvolvimento de projetos sustentáveis. O Estado, pela via de suas instituições e serviços, deve buscar estratégias de ação que ampliem os aportes culturais, fortaleçam a circulação e a apropriação da cidade no seu todo, reduzindo os riscos do isolamento social, pois uma comunidade em situação de isolamento social é pouco competente para abraçar seus membros em circuitos de inclusão social.

E, nessa mesma direção, o trabalho social no território promove uma combinação de recursos e de meios mobilizáveis junto ao Estado, mercado, organizações sociais sem fins lucrativos e, ainda, aqueles derivados das microssolidariedades originárias na família, nas igrejas, no local (MARTIN, 1995; EVERS, 1993), de modo que as políticas sociais se abram para esforços compartilhados. Ou seja, para alcançar efetividade precisam conjugar a participação dos sujeitos e ativos do território.

PARTE II

À luz das experiências

Vozes do Cabuçu: a contribuição dos moradores no desenho urbano do seu território*

São Paulo é conhecida como uma megacidade que se expandiu de forma desordenada e predatória. Conforma imensas periferias urbanas, onde seus moradores vivem com baixíssima qualidade de vida. Cerca de três a quatro milhões de seus habitantes (ou quase um milhão de famílias) moram em favelas, cortiços, loteamentos irregulares e moradias precárias. Diversos planos municipais e metropolitanos foram propostos e pouco realizados para enfrentar esta dramática condição urbana. O novo plano municipal de habitação para o período 2010/2024 avançou na propositura de uma intervenção integrada por sub-bacias e programas que combinam a urbanização de assentamentos precários com a produção de novas moradias. Busca-se integrar igualmente o conjunto de investimentos de desenvolvimento econômico e social planejados na macroárea.

Foi resultante deste plano o projeto de construção de diagnóstico sociourbano de forma participativa com a população de Cabuçu

---

* Embora desenhada e coordenada por mim, esta iniciativa jamais seria possível sem o empenho e autoria de Patrícia B. C. T. Mendes (assistente social e doutora em Saúde Ambiental) e Biba Rigo (artista plástica).

de Cima, localizada na zona norte da cidade, perto das fronteiras com o município de Guarulhos, em parceria com a Secretaria de Habitação (Sehab) do município de São Paulo. A proposta foi provocada também por interesse da curadoria da Bienal/ 2012 — Making City —, da qual a Sehab participou, que tem como fio condutor pensar a cidade interagindo com os moradores, um espaço de troca, onde a voz dos cidadãos seja assegurada.

É sabido que moradores da periferia da cidade de São Paulo convivem com toda sorte de vulnerabilidades, desde situações extremamente precárias de moradia, ausência de conforto socioambiental, isolamento dos polos de absorção de sua mão de obra, até escasso acesso a serviços. Não são ouvidos, não são informados, tampouco decidem quanto às propostas de melhorias urbanas no seu território. Neste contexto, tornou-se hábito perverso deslocar-se para os técnicos urbanistas a competência exclusiva para pensar e propor projetos urbanos e, às empreiteiras, a tarefa de executá-los.

Assim, resultou uma iniciativa inédita a propositura da Sehab de buscar a fala dos moradores como condição prévia à proposição de projetos urbanos e habitacionais em Cabuçu de Cima.

Para esta consulta preliminar, escolhemos realizar oficinas com moradores visando captar nas suas percepções, na fotografia e na fala, como veem, vivem e desejam o espaço urbano em que residem. Ao mesmo tempo, como propositura responsável, reunir estes moradores com uma consigna clara: traduzir o que esperam de um projeto urbanístico habitacional no território que habitam criando referências ao detalhamento técnico dos projetos. Dessa forma, o Projeto teria por objetivos:

- dar voz as populações locais visando à expressão do cotidiano urbano em Cabuçu: as ausências, potências e arranjos urbanos de que se valem e de quais aspirariam valer-se;
- revelar, na condução do processo, ao menos três dimensões: a social com seus usos, a sensível com suas ambiências e a construída e sua funcionalidade.

Abordagem metodológica

Partimos da premissa básica de recuperar e fortalecer um espaço de trocas entre os saberes de quem vive a realidade urbana e os saberes técnicos e científicos sobre o urbano. Mobilizar a capacidade de combinar os saberes vividos, decorrentes das aprendizagens acumuladas nas trajetórias de vida urbana, com a compreensão do conhecimento formal, técnico e científico, permitiria romper com a fragmentação do conhecimento e construir um olhar multidimensional e retotalizante.

O sentido da intervenção era revelar não as queixas individuais, mas as proposições coletivas da população habitante de Cabuçu. Era desenvolver um percurso por aproximações sucessivas, realizadas por meio de oficinas, que partiram do reconhecimento do território. A reflexão pautada na sabedoria experimental do grupo foi acrescida quando novas informações e conhecimentos para se chegar a proposições consubstanciadas na criatividade aplicada eram necessários. Assim, um destaque metodológico da proposta foi a capacidade de incitar a busca por revelar e religar relações e tendências; conectar arte, tecnologia e criatividade aplicada.

O conteúdo das oficinas emergia na significação e ressignificação de conhecimentos, valores, comportamentos vivenciados e alterados pelos participantes sobre o seu microterritório. Concepções e novos conceitos foram elaborados a partir do conhecimento apreendido coletivamente.

Os moradores a serem convidados deveriam compor um grupo relativamente heterogêneo quanto aos vínculos vividos no local. Por isso mesmo, decidiu-se por escolher moradores que estivessem integrados a diferentes *redes sociais* existentes no território. Foram considerados os diversos grupos com vínculos sociorrelacionais de proximidade constituídos no local, com participação de moradores, trabalhadores e agentes de Cabuçu, tais como: grupos de moradores ou de representação de moradores (associações de moradores), grupos de militância local religiosa de várias igrejas ou militância política, organizações comunitárias de proteção ou desenvolvimento social, redes de agentes de serviços alocados no território (educação, saúde, assistência social, esporte...), agentes comunitários de saúde, rede de empreendedores local (desde as grandes empresas industriais ou de serviços até os pequenos empreendedores instalados nas vias locais).

A abordagem pedagógica no desenvolvimento das oficinas voltou-se para o fortalecimento da expressão e fluência comunicativa "sobre o urbano vivido e desejado" com a mediação do lúdico, da pesquisa no meio, da observação, de vivências e experimentações, assim como de aportes de conhecimento e informação sempre que necessários. As oficinas foram sempre contextualizadas, partindo do real e do concreto, como as caminhadas comentadas sobre o território, o registro fotográfico, a pesquisa do que gostavam e do que não gostavam e da identificação das precariedades e forças locais.

Foi realizado um conjunto de oito oficinas com a participação de 25 lideranças comunitárias do território que se reuniram uma vez por semana em equipamento do próprio bairro.

Busca-se com este texto apresentar a trajetória metodológica e vivida, percorrida durante os trabalhos.

PRIMEIRA OFICINA: PERCURSOS NO MAPA E PRINCIPAL MEIO DE TRANSPORTE

Estavam presentes todas as lideranças de moradores convidadas e equipe da Secretaria Municipal de Habitação da região norte. Para refletir sobre o significado e objetivos das oficinas, a equipe da Sebah expôs o novo enfoque do Plano Municipal de Habitação, destacando o propósito de pensar o espaço e as ações no território de forma integrada, estabelecendo, como meta inicial, o diálogo com a comunidade de maneira a conhecer e considerar as questões que mais afetam o bairro.

GESTÃO SOCIAL E TRABALHO SOCIAL 101

A proposta das oficinas foi aceita por todos, mas o sentimento expresso foi contraditório. Se, por um lado, apresentavam disposição para colaborar, por outro expressavam uma descrença nas ações do poder público na área. Já tiveram várias promessas que não se concretizaram. Todos demonstravam estar ali em busca de alguma possibilidade de reivindicar algo, revelando forte sentimento de pertencimento ao bairro.

Foi proposto aos participantes a produção de um *Mapa dos Afetos* que se constituiria em um diário das ações do grupo durante a realização das oito oficinas: nele seria colocado tudo que os afetava de bom e de ruim, uma foto da casa, um lugar afetivo, um lugar bonito, um desenho da casa, da praça ou do rio, apresentação de uma ideia para aquele lugar, uma frase.

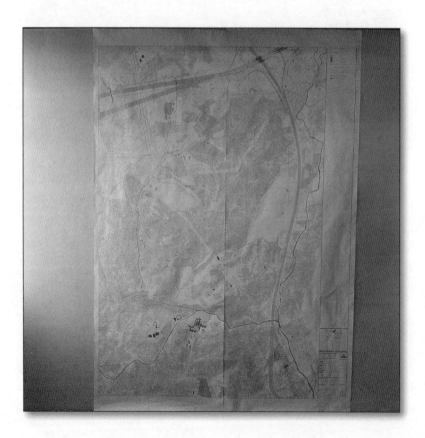

O Mapa dos Afetos foi iniciado na primeira oficina com a apresentação de cada um dos participantes, que identificaram num mapa ampliado do bairro seu local de moradia e, em seguida, deram um depoimento sobre algum aspecto crucial do bairro.

A maioria soube localizar sua moradia no mapa sem dificuldade, e os aspectos que mais se destacaram foram os relativos ao medo na época das chuvas nas áreas de risco, à ausência de um trabalho socioformador com os adolescentes e à falta de espaço de lazer no bairro e nas casas (que não possuem varanda ou quintal), restando às famílias passarem o final de semana sentados, conversando nas calçadas em busca do sol.

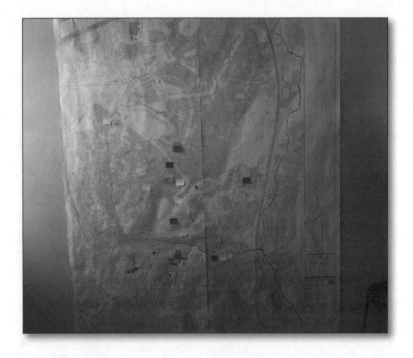

Na sequência, o mesmo mapa foi utilizado para a realização do trabalho grupal de desenho do percurso que cada participante realizava, partindo do seu local de moradia e chegando como destino ao

Centro de Integração de Cidadania-Norte (serviço público para acesso à Justiça e incentivo à cidadania comunitária que sediou as oficinas), identificando o principal meio de transporte usualmente utilizado.

O trabalho do grupo revelou interação e colaboração entre os participantes: uns auxiliando outros, discutindo debruçados sobre o mapa, refletiam sobre as rotas de ônibus e as passagens/escadarias que não apareciam no mapa oficial. A maioria fez o percurso a pé, justificando que a linha de transporte ou era deficitária ou dava muitas voltas; o percurso a pé permitia cortar caminho pelos morros.

O fechamento da oficina foi realizado por meio da avaliação/ significado da atividade traduzida numa palavra ou frase, o que revelou a importância da experiência organizativa e a expectativa da real materialização do projeto por parte do poder público. Algumas frases ou palavras são mencionadas a seguir:

> "Expectativa de que o projeto saia do papel"; "Não há mudança sem sonho, como sonho sem esperança"; "Que o projeto comece e não pare"; "Não perder a esperança de acreditar"; "Não podemos desistir"; "Lutar para vencer"; "Persistir no sonho"; "Esperança para minha ação"; "Resultado no futuro".
> "Ação; processo; debate; dignidade; continuidade; melhoria; avanço; reconhecimento; construção; perspectiva."

SEGUNDA OFICINA: PERCURSO PELO BAIRRO E PERCEPÇÕES

A segunda oficina teve por objetivo realizar uma caminhada (de uma hora) pelo bairro na qual os participantes seriam os atores e os narradores principais, para guiar o percurso e apresentar suas percepções sobre o território, fundamentais para conhecermos o bairro "vivido".

O grupo foi dividido em dois; um deles faria um percurso mais leve e o outro um trajeto que passaria pelo caminho mais curto identificado na oficina anterior, passando pelos atalhos e escadarias utilizadas.

Para guiar a reflexão durante a caminhada, algumas questões seriam formuladas, por nós, a fim de mapear/conhecer a dinâmica do bairro, tais como:

Mobilidade e acessibilidade:

1. Na maioria dos percursos a pé, você pega trajetos alternativos para cortar caminho? Escadarias? Quem fez? A população, prefeitura ou CDHU?
2. Você acha o caminho seguro?

3. Dá para utilizar os trajetos alternativos em dia de chuva? Se não, qual é o outro caminho quando chove?
4. Como as calçadas são estreitas e irregulares, por onde vocês andam? No meio da rua? Ônibus e carros respeitam vocês andando pelas ruas?
5. Onde fica o centro? É longe (precisa pegar ônibus)? É fácil ir para o centro daqui?

Percepção do lugar:

1. O que você acha que falta nesta rua?
2. Observando um espaço vago, o que você faria nele, se fosse uma área pública?
3. Quantas vezes, na semana, passa o caminhão de lixo por aqui? Há também o caminhão de coleta seletiva? Ou são os carrinheiros que coletam?
4. Quantas vezes por semana o gari varre esta rua? Ou é só no centro que os garis varrem?
5. Ao passar em frente a uma escola pública/hospital/serviço público: o que acha do serviço? É bom, você o utiliza?
6. Durante o percurso: o que gosta mais daquela rua? O asfalto? As conduções? O comércio? Os amigos? Determinada casa? etc.

Para a realização da atividade, levamos e solicitamos aos participantes que trouxessem máquinas para fotografar tudo aquilo que os afetava tanto positiva como negativamente: um amigo, uma árvore, o lixo, o rio poluído, um animal etc. Foi solicitado, antes de partir, que escolhessem durante o percurso alguma coisa para trazer de volta à oficina, algo que os tocasse: uma pedra, uma flor, uma folhagem etc.

Isso porque, na volta da caminhada, trabalharíamos no Mapa dos Afetos com as ideias e os significantes que emergiram ao caminhar pelo bairro e as coisas trazidas.

Antes da realização do percurso, como forma de estabelecer relação entre o presente e o futuro, apresentamos ao grupo a maquete do bairro elaborada pelos técnicos da Sehab.

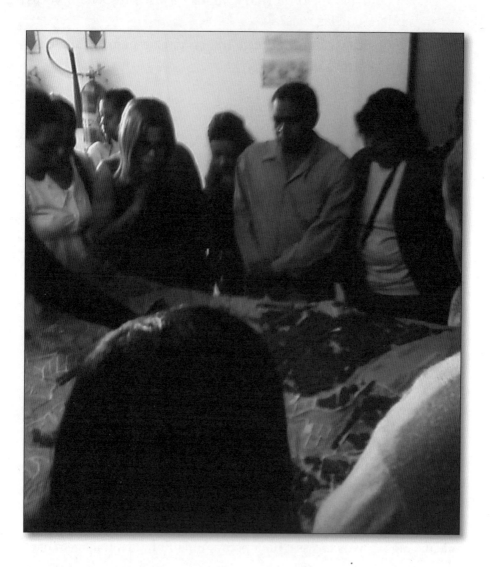

Carmem, uma das moradoras participantes, conduziu o grupo pelo caminho de atalhos e o outro grupo foi dirigido por Marlene.

O grupo que caminhou pelos atalhos e escadarias foi composto por moradores e por boa parte dos técnicos da Sehab, que estavam curiosos para saber como a população se locomovia pelos trajetos alternativos, cortando caminho.

O primeiro atalho utilizado se deu por dentro de um terreno íngreme, que no final dava numa escadaria de terra. Nem todos os atalhos eram assim; em alguns, a escadaria foi construída pela Prefeitura e pela CDHU. Mas conforme Carmem sinalizou: *"Mas o atalho percorrido, com certeza, não dá para ser usado em dias de chuva e muito menos com sapato de salto, ele é perigoso"*. Os moradores que o utilizavam em dias de chuva confirmaram o perigo, mas falaram também que o utilizavam mesmo à noite e, no geral, não havia problemas.

Contraditoriamente, após a caminhada, muitos falaram da insegurança das escadarias por falta de luz, que os ladrões atacavam as pessoas e até narraram que houve tentativas de estupro.

O atalho passou por um terreno vazio e Carmem, que nos conduzia, informou que os moradores esperavam que no local fosse feita uma Unidade Básica de Saúde (UBS).

Continuando o percurso, o grupo passou por uma rua de casas construídas na década de 1980, similares às do Programa Promorar. Seguiu por outro atalho no qual havia uma escadaria de cimento que, segundo eles, foi feita pela Cohab. O final dessa escadaria dava numa avenida. Tinha muita sujeira na rua e sacos de lixo expostos, aguardando a recolha pelo caminhão de lixo. Contaram que a coleta de lixo era feita três vezes por semana (pela Loga), incluindo a coleta seletiva. Sobre o lixo nas ruas, narravam que *"ocorre porque a população não colabora, colocando-o fora do horário, e os homens de rua ou os dependentes químicos ficam remexendo no lixo"*.

Indagados sobre as linhas de ônibus, o grupo as avaliou positivamente, mas indicou que são pouco usadas para circular no bairro, pois os trajetos são longos e às vezes precisavam pegar até dois ônibus. Para moradores participantes do grupo, o centro comercial era no Jaçanã, perto do supermercado. Embora a Vila Galvão também fosse identificada com um ponto de centro, foi destacada como fora de mão.

Após a avenida, o grupo se adentrou num outro atalho, uma rua de barro que passava por dentro de uma favela, para tomar na sequência outra rua, na qual havia um córrego que corria à sua direita. Apesar de a paisagem ser a mesma, um dos participantes fez questão de mostrar a diferença: *"Do lado direito o povo é mais organizado e por isso temos água e luz regularizados e esgoto canalizado. Do outro lado o pessoal é mais preguiçoso e não foi à luta, o esgoto é a céu aberto e a água e luz são clandestinas, ligadas em algum ponto na rua de cima"*.

O grupo falou sobre o sonho dos moradores de ter um parque linear nas margens desse córrego.

Seguindo o curso do rio Cabuçu, que estava em obra, crianças brincavam na terra. Do lado direito havia uma favela em área de risco, onde algumas casas já estavam sendo retiradas. Esse era o caso de uma das participantes da caminhada que, após a remoção, passou a morar de aluguel provisoriamente e teve grandes dificuldades de encontrar uma casa adequada ao tamanho da sua família para alugar.

O grupo não se refere ao lugar como favela ou loteamento clandestino e a casa não é barraco. O significado dos seus lugares de moradia e do bairro é de forte sentimento de pertencimento. Percebeu-se, assim, na fala, que o risco dimensionado pela Sehab não era o mesmo percebido por eles.

Outra participante do grupo que morava nessa rua afirmou que quando chove o barro desce o morro, mas não entra em sua casa. *"Na minha casa não entra não, mas a rua vira um rio de barro."* No percurso deste trajeto, os moradores que lá moravam chamavam a atenção querendo saber sobre as ações da Sehab. Várias casas já tinham sido derrubadas, o que a profissional da Sehab explicou que eram as moradias que estavam em situação crítica, com maior risco, mas que todas de modo geral estavam nessa mesma condição.

Caminhando e conversando, percebeu-se que o grupo possuía conhecimento da área, embora não morasse por perto, um sentimento de orgulho do bairro e uma relação afetiva muito forte entre os moradores, pois todos se conheciam e se ajudavam. Disseram que uma das melhores condições do bairro era o relacionamento construído entre eles. A maioria mora lá há mais de vinte anos.

No final da rua do rio Cabuçu, antes de atravessar a avenida, tomou-se outra rua para retornar ao Centro de Integração de Cidadania. No caminho de volta, mesmo de ruas asfaltadas, como as calçadas eram muito estreitas, a população circulava pela rua. Quando indagados sobre o respeito de ônibus e carros com relação aos pedestres, disseram: "Em termos, pois temos que prestar atenção e ser rápidos".

No percurso, foram identificadas duas áreas com horta comunitária, mas, segundo o grupo, pouco utilizadas no inverno.

Após a realização da caminhada, os dois grupos retornaram ao local da oficina para trabalhar no Mapa dos Afetos, acrescentando ao registro da caminhada os pequenos objetos coletados, bem como as fotos tiradas na oficina anterior e as frases ditas por eles.

TERCEIRA OFICINA: CARTOGRAFIA, RETRATO DO LUGAR E *STOP MOTION*

A terceira oficina permitiu realizar a cartografia e o retrato do lugar, bem como o *stop motion* e refletir sobre os pertencimentos e as mudanças desejadas no território.

A *Cartografia do Lugar* foi feita em tecido e bordada, e consistia em mapear o território, destacar os lugares que eram importantes para o grupo e projetar inovações que desejavam.

O *Retrato do Lugar* foi feito com as fotografias tiradas durante a caminhada, e um *stop motion* do processo consistia em desconstruir e construir o território pelos participantes colocando suas aspirações e proposições.

Iniciamos o trabalho solicitando que escolhessem três fotos e discutissem em grupo três questões, respondendo-as por escrito: O que eu transformaria? O que eu manteria no bairro? O que não pode mais ter no bairro?

As fotos escolhidas pelos grupos foram colocadas no Mapa e as respostas às questões se centraram, fundamentalmente, na questão do saneamento básico, nas áreas de risco, em segurança, melhoria nas casas, área de lazer, entre outras. O grupo expressou forte preocupação com o cuidado e preservação da Serra da Cantareira e o verde no bairro. Em um dos grupos, mesmo tendo as casas pequenas e sem nenhuma área externa (jardim ou quintal), a preocupação foi a da manutenção da atual moradia.

Após a discussão, deu-se sequência na divisão de dois grupos para a realização da Cartografia do Lugar e do Retrato do Lugar.

A *Cartografia do Lugar* significou colocar no Mapa dos Afetos uma legenda para identificar:

1. a rota do seu cotidiano (escola, comércio, trabalho etc.);
2. lugares para transformar;
3. lugares de convívio;
4. áreas de lazer;
5. serviços públicos básicos e serviços de apoio (escolas, Unidades Básicas de Saúde, ONGs etc.).

Para a realização da Cartografia foram priorizados materiais como tecidos, retalhos e linhas, o que resultou em forte adesão das mulheres do grupo. Os participantes se envolveram e se debruçaram no Mapa para marcar primeiro a rota do cotidiano e a área de lazer.

GESTÃO SOCIAL E TRABALHO SOCIAL   117

Começaram construindo em volta do rio uma ciclovia, pois a população usa muito bicicleta para se locomover.

Foi muito interessante vê-los descobrindo o percurso diário, discutindo entre eles onde poderia ser um lugar que estava com poucas referências no Mapa. Aqui voltou a aparecer a importância da Serra da Cantareira e o verde do bairro, bem como a referência do Núcleo do Engordador no Horto Florestal como área de lazer nos fins de semana.

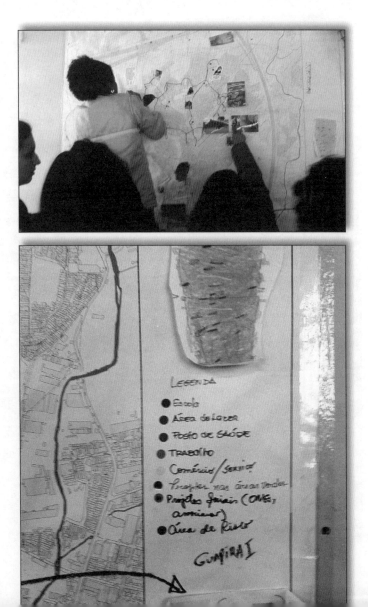

Para o *Retrato do Lugar* foram dispostas cartolinas de várias cores para que o grupo escolhesse uma delas como fundo do retrato, sendo o verde, mais uma vez, a cor preferida O trabalho de composição do retrato teve início com a utilização das fotos realizadas durante a caminhada. O *stop motion* foi uma animação de fotografias de curta duração do processo de elaboração do Retrato do Lugar.

Para o encerramento da oficina, solicitamos que cada participante expressasse o seu lugar preferido:

"Serra da Cantareira"; "Horto Florestal";"Núcleo do Engordador"; "Lago do Espelho"; "Jardim Flor de Maio"; "Jardim Boa Vista"; "Jardim São João"; "Jardim Filhos da Terra"; "vista da Serra"; "vista do Linhão (Guapira II)"; "vista do bairro"; "Associação da Vila"; "Centro de Educação Unificado (CEU)"; "mutirão"; "igreja"; "clube Sabes"; "pracinha construída por eles perto do Linhão"; "a redondeza";"meu trabalho"; "minha casa"; "na árvore de ipê-rosa"; "nos girassóis".

QUARTA OFICINA: PROPOSIÇÕES EM FORMA DE TRAJETOS

Nesta oficina, propusemos de início realizar uma síntese retrospectiva de percurso colocando as frases em forma de um trajeto no Mapa dos Afetos.

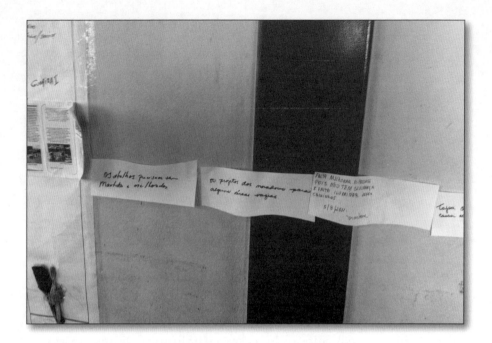

Destacaram nesta síntese:

- Aumentar a intensidade de preservação das áreas verdes. Manter o verde (os ipês). Conservar a Serra da Cantareira.
- Educação ambiental com uso da mídia. Plantio de árvores nas comunidades. Olhar do governo para os projetos sociais. Espaços para cultura. Empoderamento das famílias.
- Melhores condições de habitação e revitalização das áreas verdes. Manutenção do verde. Projeto Ver o Verde (Reciclagem) — Guapira I. Criação de área de lazer e cultural (C. J. Helena Portugal Albuquerque com parceiros dispostos a colaborar).
- Os atalhos precisam ser mantidos e melhorados; não há segurança e falta iluminar esses caminhos. Falta pavimentar as ruas e vielas.
- Na estrada, é necessário melhorar a educação do trânsito, porque não respeitam os idosos e as pessoas com deficiência.

- Ruas asfaltadas e limpas, sem esgotos a céu aberto (precisa-se de galpão de reciclagem).
- O mais importante é a limpeza das ruas; há muito lixo, é preciso cuidar, porque o lixo aumenta os ratos. Lixo — pontos viciados. Linha de alta tensão.
- Infraestrutura (coleta e esgoto). Parcerias entre comunidade e órgãos públicos.
- Manter as creches e ampliar escolas públicas para o ensino médio e profissionalizante.
- Ampliar a oferta das atividades culturais. Ampliar o CEU com mais atividades de lazer para os alunos e a comunidade. Maior cuidado por parte dos moradores com as poucas áreas de lazer. Maior interesse por parte do governo no desenvolvimento dos projetos sociais. Espaços para brincar, porque acontece muitos acidentes na rua, muitos acidentes com pipa.
- Conservar e ampliar o Hospital São Luiz Gonzaga por ser o mais próximo. Criação de uma UBS (Unidade Básica de Saúde) no Jardim Felicidade.
- Criação de fóruns de levantamento de ideias para infância. Fóruns de diálogos para diferentes assuntos da comunidade. Atenção com os nossos jovens.

O debate foi intenso, sobretudo sobre a questão dos adolescentes no bairro: educar os filhos, de quem é a responsabilidade? Qual é a responsabilidade da escola, do poder público nesta questão, o papel do Conselho Tutelar e do ECA? Como é educar sem bater, como impor limites? Querem aprender, pois descobriram que não sabem. Ficou clara a preocupação com os adolescentes do bairro, pois o tráfico de drogas impera e os tem conquistado, alterando a relação familiar, ora sem limites, ora com muita violência.

Na sequência, os grupos voltaram à Cartografia e ao Retrato do Lugar para continuar a sua elaboração.

O debate e a reflexão realizados instigaram a introdução de novos elementos nas cartografias:

- o nome dos bairros como costumam denominá-los;
- os lugares para transformar (no quê);
- as associações de bairro e ONGs.

Alguns projetos para o bairro também foram retomados:

- Recuperação do Centro Desportivo Municipal, atualmente ocupado pela polícia metropolitana. Explicitaram o grande movimento para a recuperação desta área que envolveu tentativas rejeitadas pela polícia metropolitana de divisão e compartilhamento do espaço.
- Projeto social para as áreas de linha de transmissão e centro de reciclagem, com estabelecimento de parceiros.

Com o fechamento da oficina, perguntou-se aos participantes: o que não tinha no bairro e precisava ter mais? Apesar da precariedade, das áreas de risco e da falta de infraestrutura, o que mais se destacou foram áreas de lazer.

Preparando os trabalhos da oficina seguinte, foram entregues duas folhas com a foto de cada um dos participantes para que trabalhassem em casa. Deveriam relatar sua história (de onde vieram, quando chegaram ao bairro, quando começaram a participar de movimentos no bairro etc.), colocando se possível fotos significativas.

QUINTA OFICINA: PERCEPÇÃO DE RISCO

O foco da quinta oficina foi discutir a percepção de risco dos participantes, por meio da identificação do nível de informação e de entendimento que tinham das situações de perigo do bairro. Nessa oficina, participaram os integrantes do grupo e técnicos da Sehab.

Iniciaram-se os trabalhos com a leitura da história escrita por uma das participantes, solicitada na oficina passada. A moradora apresentou sua trajetória pessoal, iniciada no bairro em 1982. Retomou em sua história a formação do bairro partilhada por muitos dos presentes: a ocupação de áreas; a ausência de programas públicos; as enchentes e as conquistas feitas para o acesso a serviços públicos de água e luz.

Na sequência, lançamos duas questões para cada um deles responderem e marcar na maquete da Sehab:
- Quais eram as áreas que eles consideravam de risco?
- O que significa para eles prevenção nestas áreas?

A percepção de risco dos participantes sobre as áreas mostrou-se muito próxima das avaliações técnicas feitas pela Sehab, revelando o grau de informação e conhecimento que possuem sobre as questões do bairro. Afirmavam que a remoção das casas nas áreas de risco era necessária e que o destino das famílias desabrigadas era preocupação de todos. Não concordavam com a forma como a Sehab vinha tratando a questão de remoção das famílias, pois elas teriam de encontrar outro lugar, com um auxílio-aluguel de R$ 300,00. Questionaram, ainda, a falta de acompanhamento ou mesmo orientação e as repercussões de ter que reiniciar uma vida numa outra região.

Mostraram, também, preocupação com as enchentes, sinalizando onde o rio Piqueri precisaria ter um alargamento ou até um coletor, traçando suas hipóteses e a necessidade de retirar várias famílias ao longo do rio.

Como o bairro é uma área acidentada com vários morros, o topo deles também era outra preocupação, tendo em vista como foi loteado e ocupado.

Refletiram sobre as chuvas de verão, cada vez mais fortes, as áreas de alagamento e a falta de áreas verdes para auxiliar na drenagem. Reforçaram a importância das áreas verdes como um espaço de lazer ou como medida de prevenção.

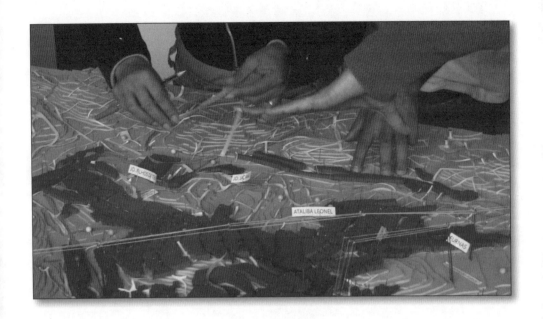

Os técnicos da Sehab fizeram então uma explanação das áreas de risco existentes e suas magnitudes, mostrando as de alto risco. Confirmaram também que as áreas apontadas pelo grupo (onde colocaram as fitas) são de alto risco, reafirmando a percepção dessas pessoas sobre o território.

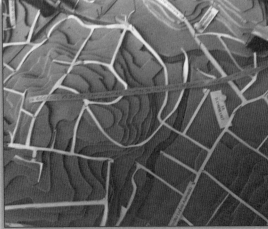

Na continuidade, o grupo do Mapa do Afeto teve como missão pontuar as áreas de risco no mapa e propor medidas. Apresentaram várias situações de risco: desde as áreas de enchentes até as áreas com lixo.

Iniciaram pela discussão do rio Piqueri, colocando a necessidade de: remoção dos imóveis construídos na sua margem; alargamento do córrego e construção de uma calha de drenagem; criação de área verde ao longo das margens do rio; construção de uma estação de tratamento de esgoto na Vila Zilda e outra próxima ao CEU Jaçanã. Na outra área, próxima ao Jardim Filhos da Terra, destacaram o remanejamento das famílias das áreas de risco para outra região do bairro e a construção de muro de arrimo para proteger as famílias remanescentes.

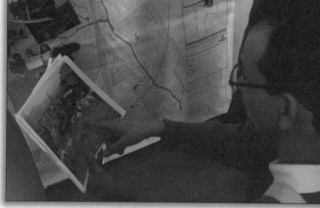

Propuseram também a revitalização de toda a região que passa pela torre de alta tensão, com projetos de agricultura comunitária, além da recuperação da área do Centro Desportivo Municipal. Indicaram áreas para as famílias que precisam ser remanejadas dos locais de risco e também espaços para os serviços públicos necessários para a região, tais como UBS, hospital, creches e praças.

GESTÃO SOCIAL E TRABALHO SOCIAL 127

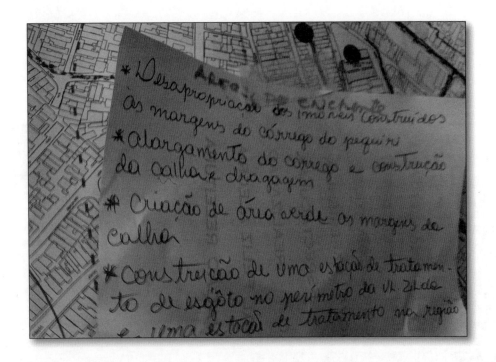

SEXTA E SÉTIMA OFICINAS: PREPARANDO O DIÁLOGO COM OS GESTORES

O objetivo das últimas oficinas foi preparar o diálogo com os gestores da Secretaria de Habitação sobre o lugar onde vivem, identificando as demandas, as sugestões de revitalização urbana e os serviços necessários.

A base para a discussão foram os produtos realizados ao longo das oficinas: Cartografia e Retrato do Lugar, Mapa dos Afetos e *stop motion*.

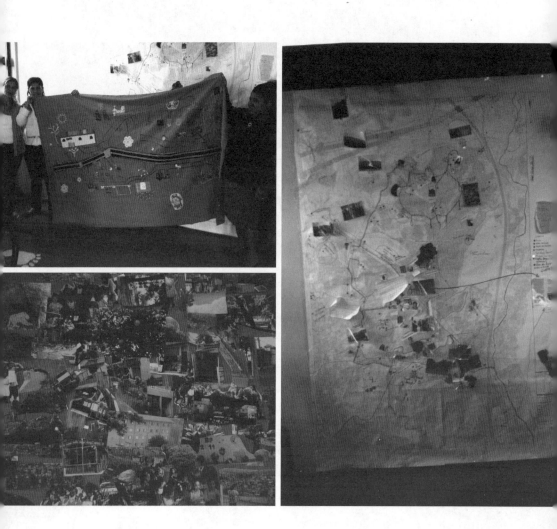

Na sequência, focando nos trabalhos feitos num denso debate, produziram suas propostas para serem apresentadas aos secretários e às autoridades públicas na oitava oficina, destacando: a revitalização de áreas verdes (referência no cotidiano da população) e a ampliação da oferta e qualidade de serviços de saúde, educação, infraestrutura urbana, bem como a indicação das áreas para moradia.

Considerações finais

As oficinas deram aos moradores os insumos necessários a um debate qualificado, que objetivou o coletivo e todo o território. Trabalhar nas oficinas o território, em suas várias dimensões, foi uma aposta acertada. A metodologia e estratégias escolhidas foram assertivas.

A caminhada comentada, na segunda oficina, permitiu uma aproximação sensível e empírica com o território, estimulando os moradores a rever o seu hábitat urbano pelas lentes fotográficas, expressando e nomeando as potências e fragilidades do bairro. Ao passar por atalhos, vielas e favelas, reviam a luta em busca de melhorias e as já conquistadas. Falaram com paixão do bairro, embora o descrevessem como cinzento.

O Mapa dos Afetos (o que nos afeta) foi um excelente instrumento pedagógico para os moradores reconhecerem o seu território em um mapa com a topografia do lugar e em uma escala que permitia identificar as ruas dos bairros. Ele foi trabalhado exaustivamente em todas as oficinas, o que permitiu aos moradores uma visão do todo, apreendendo de forma articulada a localização dos bairros, os problemas nas áreas e o formato da região no papel.

A maquete foi outro instrumento importante para visualizar o território; neste caso o olhar foi outro, pois a topografia da região era mais nítida, e assim puderam compreender melhor as áreas de risco, os lugares mais altos e mais baixos do bairro. Essa visualização permitiu adensar as reflexões sobre problemáticas existentes no bairro, como as áreas de alagamento, as áreas de risco, as áreas em declive etc.

Já o Retrato do Lugar foi um instrumento pedagógico para libertar os desejos e as aspirações para o bairro, questões cristalizadas frente ao descaso pelo poder público nas demandas existentes. A atividade lúdica de desconstruir e construir o bairro, recortando fotos, foi ao longo das oficinas ganhando criatividade e expressão dos desejos: surgiram escadarias, ciclovias, áreas arborizadas e floridas.

Por outro lado, a Cartografia do Lugar buscou na atividade manual a construção coletiva de um olhar afetivo sobre o lugar de morar, colocando referências e sonhos. O rio aparece numa proporção enorme, com uma mata ciliar (a recuperação da área verde em volta do rio), mostrando a importância que dão a ele, e a ciclovia como desejo de todos. A construção coletiva do bordado produziu trocas e reflexões sobre o bairro, mas também a descoberta de seus talentos.

As diversas abordagens — Mapa dos Afetos, Cartografia do Lugar, maquete... — permitiram aos participantes se apropriarem de um novo conhecimento: a leitura de mapas e plantas, de áreas de risco no território, o conhecimento das questões de infraestrutura, saúde, escola e áreas verdes no bairro.

As oficinas criaram as condições prévias tanto para os moradores quanto para a equipe da Sehab para o desenho e adesão ao projeto municipal de urbanização do bairro. E, sobretudo, fortaleceram as relações entre os moradores retecendo uma rede social local. Assim, entre os principais resultados substantivos, destacam-se:

1. A população detém um saber vivido decorrente de aprendizados acumulados em suas trajetórias de vida urbana. Esse saber é imprescindível na formatação de projetos urbanísticos habitacionais. Nesse sentido, é vital valorizar a rede social organizada no lugar para pensar a produção do território.

2. Quando a população vivencia um processo participativo horizontal e democrático, com técnicos e gestores da política pública, é capaz de contribuir significativamente nas proposições da política.

3. Os moradores são competentes na produção de um diagnóstico urbano social quando há espaço para fruição e intercâmbio entre conhecimento vivido e o conhecimento técnico.
4. Realizam um processo de negociação social da maior importância. Quase sempre os técnicos (em grandes cidades como São Paulo) têm receio, e se apresentam defensivos ou pouco abertos a uma negociação social que é cada vez mais necessária para evitar conflitos na condução das mudanças urbanas.
5. Porém uma negociação social tem sempre caráter multidimensional; a reflexão religa interfaces entre as diversas dimensões do viver urbano: trabalho, mercado, educação, saúde, qualidade de vida, meio ambiente etc., de tal modo que não é possível pensar a habitação descolada de um proposta integrada. Assim, a negociação social se faz presente por tempo indeterminado desde antes do empreendimento até seu final.
6. Produziu-se uma rede social organizada no local para pensar a produção do território.

Adolescência e modos de aprender*

Realizamos pesquisa junto a adolescentes,[1] no primeiro semestre de 2012, com o objetivo de conhecer melhor os modos de aprendizagem e formas de engajamento deles nos processos formativos. A investigação, que contou com o apoio da Fundação Itaú Social e da Associação Cultural Casa das Caldeiras,[2] teve uma dupla intencionalidade: de um lado, olhar para a escola pública, investigando sua prática e dinâmica de aprendizagem junto a seu alunado; de outro, deter-se no próprio adolescente reconhecendo-o melhor em situação de aprendizagem, em outro espaço que não a escola, e que no caso foi vivenciado por meio de oficinas, na sede da Casa das Caldeiras.

---

* Esta experiência, que contou com a minha coordenação e relatoria, não teria sido possível sem a parceria e autoria de Karina Saccomanno Ferreira (arquiteta e coordenadora dos projetos socioculturais da Casa das Caldeiras) e Patrícia B. M. T. Mendes (assistente social, doutora em Saúde Ambiental).

1. Os 85 adolescentes, sujeitos da pesquisa, eram alunos dos dois últimos anos do ensino fundamental e primeiro do ensino médio, de duas escolas públicas estaduais localizadas na região central da cidade de São Paulo. Eram adolescentes entre 12 e 17 anos, que formavam um grupo heterogêneo com presença de bolivianos e peruanos, duas gestantes de 15 anos, adolescentes residentes em moradias precárias e outros em apartamentos de classe média.

2. *E-mail*: <saccomanno@casadascaldeiras.com.br>.

Dessa forma, a pesquisa-ação e o diálogo com estudos e pesquisas da área permitiram refletir e iluminar respostas sociopedagógicas mais assertivas na inclusão das novas gerações no mundo contemporâneo, centro da nossa preocupação.

Adolescentes: linguagem, pensamento e ação

No século XXI, os adultos parecem ter perdido a capacidade de reconhecer quem é o adolescente; ora fala-se em crianças, ora em jovens, mas pouco se discute sobre os adolescentes.

Os estudos clássicos apontam a adolescência como uma etapa da vida marcada por um turbilhão de transformações de ordem física, cognitiva, social e emocional. São mudanças que produzem enorme insegurança e vulnerabilidade.

O início e o desenvolvimento da adolescência coincidem, também, com uma mudança radical na organização e na estrutura de ensino fundamental; se na primeira etapa deste nível de ensino há um único professor responsável por turma — que cria vínculos relacionais com os alunos, sendo considerado bússola orientadora e reguladora de seu aprendizado —, na segunda etapa, a organização do ensino se faz a partir de um conjunto de disciplinas ministradas por professores especialistas, alterando-se a construção de vínculos e referencias para regulação do aprendizado (BRANT e MANSUTTI, 2010).

Para além das mudanças puberais, os adolescentes navegam na complexidade da sociedade contemporânea em que vivemos. São nativos da era digital e informacional; apresentam outra racionalidade cognitiva na qual o aprender se faz descentrado e difuso. Fascinados pelo mundo digital, mesmo os adolescentes de menor poder aquisitivo possuem acesso a diversas tecnologias e mídias digitais.

Não se intimidam com os comandos em inglês. São rápidos e ágeis na leitura de tais comandos, guiando-se pela intuição. Aliás, esta dinâmica parece imprimir também o ritmo nas atividades presenciais, bem como o interesse pela experimentação de sensações impressas na dinâmica dos *games*.

De fato, é uma geração que acessa de forma fluida as muitas informações que vão se acumulando de maneira fragmentada, conforme são ofertadas pela sociedade midiática em que vivemos hoje. No entanto, não apreendem as informações e os conhecimentos que acessam, pois carecem das mediações necessárias para usufruí-las plenamente. E, nesta perspectiva, a escola e os adultos de referência nem sempre são capazes de tecer e construir tais mediações. Consequentemente, os adolescentes se sentem inseguros para lidar com o excesso de informações instantâneas mundiais ou locais que lhes chegam como que interditadas pelo isolamento e pela vivência de vulnerabilidades de toda ordem. Assim, vivem mergulhados no presente, sem depositar muito interesse ao passado.

DIALOGANDO COM A PESQUISA

Talvez o cerne da questão seja que os adolescentes *convivem com a riqueza da cultura contemporânea sem o traquejo e as bases para usufruir dela*. Pudemos constatar que, mesmo convivendo com múltiplos e variados sinais e informações, os adolescentes apresentam grande dificuldade de concentração, insegurança, comportamentos defensivos, baixo capital argumentativo e pouco respeito ou domínio de regras de civilidade frente ao outro e ao espaço coletivo, o que deriva num universo de linguagem e de experiências bastante restrito.

DIALOGANDO COM A PESQUISA

Há uma economia de argumentos possivelmente pela falta de construção de novos argumentos. Ressentem-se da falta de estímulos na construção de argumentos, no exercício e troca sobre os fatos vividos e na formulação de respostas às suas curiosidades. Seus pais querem muito que estudem; controlam a ida e frequência à escola sem, porém, envolver-se nos estudos e nos aprendizados. Em casa ficam sós, assistem muito à televisão, jogam *videogames*; não fazem as lições de casa, pois como dizem "a escola tem muita aula vaga que utilizam para fazer as tarefas".

O fato de os adolescentes conviverem com a riqueza da cultura contemporânea sem possuir o traquejo e as bases para usufruir dela é resultado, em parte, de uma ruptura na falta de acesso à educação. Os nossos adolescentes pesquisados, bem como muitos outros adolescentes brasileiros, apresentam acentuada defasagem idade-série escolar, sendo alguns multirrepetentes. Esta é a grande questão que permanece como "chaga" da segunda etapa do ensino fundamental que rouba a cidadania de adolescentes inscritos na escola pública.

BRASIL EM NÚMEROS

O Brasil tem a maior repetência escolar entre 11 países estudados pela Unesco (2008). Enquanto a média de repetência entre os 11 países é de 6,3%, no Brasil alcança 18,6% dos estudantes do ensino fundamental.

Os dados divulgados pelo Inep (2011) revelam alta reprovação e abandono escolar, sobretudo no 6º ano do ensino fundamental (Faria, 2012). Entre as 27 unidades da federação, só 11 delas aprovam mais de 80%

> dos alunos de 6º ano. No primeiro ano do ensino médio, a situação é mais crítica: nenhuma unidade da federação atinge os 80% de aprovação. No caso do ensino fundamental, este fato se deve, em parte, às dificuldades geradas na passagem da primeira para a segunda etapa, quando os alunos enfrentam um novo arranjo escolar com várias disciplinas, professores, especialistas etc. No entanto, essa explicação não é suficiente, pois outros fatores se superpõem, como o despreparo dos professores para lidarem com alunos adolescentes e um currículo pouquíssimo adequado.
>
> Igualmente, os dados do Inep/Ideb (2011) atestam o ainda insuficiente aprendizado de português e matemática obtido pelos alunos do ensino fundamental. Na rede pública, a média de 3,9 revelada pelo Ideb nos anos finais do ensino fundamental avançou muito pouco se comparada ao patamar de 3,7 de 2009. E, o mais preocupante, é que 15 estados do Brasil encontram-se abaixo dessa média.

De outro lado, na adolescência ganham destaque as demandas por aprendizagens relativas a saberes sociais que requerem oportunidades alargadas de sociabilidade. Esta questão está exposta por todos os poros do adolescente. Praticamente não as possuem, e são fundamentais neste período de construção de identidade. Nesta fase da vida, os pares tornam-se referência principal.

Dayrell, Nogueira e Miranda (p. 29, 2011), reportando-se a Simmel (1983), apontam para uma sociabilidade nesta faixa etária que não se associa a conteúdos; o fim é a própria relação; "o falar torna-se o próprio fim, o assunto é simplesmente o meio para a viva troca de palavras revelar seu encanto. É um jogo, e um 'jogo com'". Por isso, a preferência são os grupos de amigos que se escolhe para responder às necessidades de comunicação, autonomia, trocas afetivas e, principalmente, de identidade.

> **DIALOGANDO COM A PESQUISA**
>
> Contudo, a sociabilidade não está isenta de conflitos. As relações entre pares estão permeadas por brigas ou situações de violência, sobretudo entre meninos. É comum observar grupos de amigos se rivalizarem com outros grupos e comportarem-se como tribos. Nos encontros, a disputa de grupos entre as duas escolas ou entre faixas etárias e/ou séries diferentes manteve-se latente.

As resistências com a escola começam com a enorme dificuldade de serem reconhecidos nesta busca por sociabilidade. A paixão pela relação os faz irrequietos, dispersos e desgarrados dos conteúdos. Rotinas, regras e recortes escolares funcionam como cerceadores dessa sociabilidade.

[...] as regras escolares prescrevem uma diagramação das carteiras dispostas enfileiradamente, com cinco aulas e professores que se sucedem a cada cinquenta minutos, cuja interação permitida se encontra ritmada pela exposição do conteúdo (id., ibid., p. 28).

Como resultado desta tensão, é possível identificar três grandes tendências na relação dos adolescentes entre si e com a escola:

- **Visível incivilidade**. A incivilidade tornou-se uma prática banalizada no interior das escolas públicas, nas relações e nos espaços institucionais de convivência. A incivilidade materializa-se na quebra das regras de convivência: "Um pedido de desculpas, diante a quebra de uma regra de convivência ou um obrigado, após uma educada solicitação, é o que se espera que aconteça. Quando isso não acontece, temos um ato incivil" (id., ibid., p. 51). Essa incivilidade tem direta relação com valores apreendidos na sociedade contemporânea, marcada pelo paradigma liberal de direitos humanos, no qual a busca é por liberdade e satisfação individuais.

- **A prática do zoar** marca as relações entre os adolescentes, sobretudo em situações que fogem ao seu controle. O zoar é mais um ato de irreverência e de afirmação no jogo das relações que propriamente indisciplina. É aceito e valorizado entre os pares. O zoar não tem fronteiras e está bastante presente na comunicação entre adolescentes, até mesmo nas redes em que publicam suas falas, como no *facebook*, *twitter*, entre outras. Ganha marcas de um novo gênero satírico, gozador, irreverente. Na escola, o zoar é um modo de o adolescente lidar com suas demandas; reagir a suas consignas, escamoteando suas inseguranças ou inibições, apresentar um leve gesto de rebeldia e/ou originalidade. Entretanto, os professores têm grande dificuldade de conviver com a zoação, quase sempre interpretada como indisciplina e agressividade.

- **A mesmice da escola** desmotiva seus alunos adolescentes. A lógica e a temporalidade da escola não consideram a lógica e a temporalidade da adolescência. A estrutura curricular, a organização recortada em disciplinas, as horas-aula e as formas de avaliação por conteúdos não só fazem do cotidiano da sala de aula um lugar monótono e repetitivo para os adolescentes, como também produzem uma dinâmica em que se perdem o processo e o sentido da escola. Essa defasagem revela um conflito entre promessas de uma escola postergada para o futuro e a urgência do adolescente em obter respostas para o presente. Os adolescentes querem compreender o momento atual e obter ferramentas para conviver no aqui e agora. Tornaram-se até mesmo cansativos os discursos sobre a necessária alteração do projeto curricular que parece incólume a este reclame.

Este diagnóstico vem a exigir a afirmação de velhas e novas prioridades para a escola. A escola continua sendo um espaço de desenvolvimento de destrezas básicas como falar, ler, escrever, calcular e raciocinar, mas num contexto de construção de uma bagagem estratégica de conhecimentos socioculturais e científicos vivos e articulados. Os adolescentes querem concretamente saber viver e mover-se com maior segurança frente às demandas que os cercam. *Embora esta pauta de aprendizagens pareça pouco ambiciosa, não o é: ao contrário, é mais exigente,* pois deve produzir o domínio destas habilidades convertidas em competências no seu uso imediato; ou seja, os adolescentes precisam de conhecimentos úteis e contextualizados que lhes possibilitem ligar e religar fatos e significados, realizar mediações, expressar, argumentar, pesquisar, construir nexos de compreensão do mundo e deles próprios no mundo.

Portanto é um conhecimento que, partindo do vivido, permita aos adolescentes perceber as múltiplas relações que dele derivam. Um conhecimento articulador para a vida relacional, para a convivência em seu meio e para se mover no mundo.

DIALOGANDO COM A PESQUISA

O trabalho com os adolescentes nas várias oficinas nos permitiu observar a diferença de gênero: as meninas são mais dóceis à disciplina, mais comprometidas com a aprendizagem; lançam-se na experiência de aprender. Os meninos carregam maior insegurança, inibem-se no ato de aprender e, na disputa com as meninas, precisam zoar. Faltam aos meninos, na escola, mediadores do sexo masculino; a escola é majoritariamente feminina.

Os adolescentes querem um "saber fazer", não apenas um saber. Neste saber fazer, a experimentação é indispensável; nela mobilizam-se capacidades cognitivas, afetivas e éticas, interativas e práticas, contextualizadas em ambiências nas quais os aspectos sociais, naturais, tecnológicos ou simbólicos estão todos eles inter-relacionados (BRASLAVSKY, 2000).

Sabemos que o excesso de desigualdades intercepta possibilidades de aprender e acessar conhecimento e riquezas societárias. Do lado dos alunos, os déficits de repertório cultural e social impingidos pela desigualdade funcionam como traves à apropriação dos tradicionais conhecimentos transmitidos pela escola. Do lado da escola, o vazio de conhecimentos sobre a vida de seus alunos e familiares conforma um professor que tutela, autoritário ou impotente para sua missão. Nesta condição, a escola se descola das aprendizagens requeridas pela sociedade complexa em que vivemos.

As novas gerações precisam maximizar habilidades no plano da sociabilidade e convivência, aprender a acessar e processar informações e conhecimento; precisam vivenciar o exercício de valores voltados ao bem comum, ampliar o seu repertório cultural, a fluência comunicativa e o domínio de outras linguagens, de forma a se sentir competentes para acessar as riquezas da sociedade e obter ganhos de pertencimento e reconhecimento de sua cidadania. No atual currículo e no projeto pedagógico, com que frequência e percentagem são contempladas tais exigências?

A experiência dos adolescentes e seus modos de aprendizagem

O desenho e as apostas metodológicas

Como hipótese metodológica inicial, apostou-se na inversão da lógica usual de aprendizagem partindo dos saberes vividos, da experimentação e das aprendizagens acumuladas no cotidiano de vida do adolescente para introduzir novos conhecimentos.

Para tanto, apostou-se na realização de laboratórios entendidos como espaços de construção de um leque diversificado de situações de aprendizagem, perspectivando investigar habilidades, modos de relação, comportamentos, valores, interesses e processos de conhecimento. Os laboratórios, embora envolvessem temáticas distintas, foram trabalhados reforçando a concentração, a confiança, o compromisso, a comunicação, a produção coletiva e o respeito. Foram planejados sete diferentes laboratórios, que poderiam ocorrer em uma ou mais oficinas,[3] realizadas com os adolescentes no contraturno escolar. Os adolescentes poderiam se inscrever e participar de um ou de todos os laboratórios, dependendo de seu interesse, e as sete temáticas foram definidas a partir de demandas levantadas num primeiro *workshop*.

Laboratórios

Laboratório de Malhação Esportiva: apreensão e exercício da prática esportiva, bem como de regras e valores emergentes em uma disputa esportiva. Inclui vários tipos de esportes, *parkour*, futebol, corridas, entre outros, promovendo jogos, exercícios e esportes variados, trabalho físico e de corpo.

Laboratório Digital: exploração da informática e de novas tecnologias (como montagem de *blog*, *stop motion*, vídeos e documentários) para promover relações, transversalidade, sínteses, criatividade.

Laboratório de Alquimia: experiência científica com materiais e elementos químicos, produção de experiências e desenvolvimento de pesquisa. Este laboratório foi realizado pelo Instituto Abramundo.

---

3. Ao todo, foram desenvolvidas um total de 12 oficinas na Casa das Caldeiras, uma oficina numa das escolas e três aulas de geografia, em sala de aula, na outra escola com alunos do sétimo ano.

> **Laboratório de Moda:** customização de roupas, bolsas etc., como andar em uma passarela (o desfile), confecção de bijuterias, comportamento (como se apresentar ao outro e falar com ele).
>
> **Laboratório de Música:** vivência da experiência musical, rítmica e trabalho sobre repertório e voz, bem como processo de construção de poesias, letras de músicas e sua transformação para o *rap, funk* etc.
>
> **Laboratório de Cena:** encenação, representação, impostação de voz, expressão corporal; buscando, assim, compreender e usar a linguagem do corpo e da dança.
>
> **Laboratório de Geoexploração:** temas da vida, montar estações de trabalho utilizando-se de pesquisas na internet, filmadoras e fotos.

Chaves identificadas nos modos de aprendizagem

As aprendizagens requerem motivação e convocam as energias cognitivas, afetivas, físicas, éticas. O diferencial nesta sociedade em que vivemos é que as aprendizagens ocorrem em múltiplos espaços e ambientes. Não bastam a escola e os professores em sua versão tradicional. Há uma dinâmica nesta sociedade em que todos aprendem e ensinam, estimulados pela veloz e contínua mudança; vivemos uma sociedade plena de cultura. Por isso mesmo, precisamos de comunidades abertas à aprendizagem das novas gerações, capazes de apoiá-las nos diversos circuitos sociais, educacionais e culturais, retirando delas aprendizados para a vida autônoma e solidária.

Adolescentes das novas gerações querem aprendizagens úteis, ágeis e vivenciadas. Toda aprendizagem útil e desejada funciona como potência capaz de debilitar os fatores que fazem esta população sucumbir às tramas da desigualdade. Produzem autoconfiança. Conformam-se como estratégias que podem alavancar e ampliar capital social e cultural necessário para mover mudanças desde dentro do próprio grupo. Igualmente, estimulam a curiosidade por novos conhecimentos.

É preciso desenvolver o protagonismo do adolescente em seu próprio aprendizado: mobilizar o esforço consciente e a persistência no alcance da aprendizagem desejada. Por isso mesmo, parte-se do interesse do adolescente, deixa-se claro o foco, a meta, transitando por processos pactuados na perseguição e no alcance das aprendizagens desejadas.

A experimentação é central na aprendizagem. Adolescentes são capazes de aprender quando há experimentação que os instiga. É ela que mobiliza o aprendizado. Exposições prévias para posterior experimentação não os mobilizam, ao contrário, os dispersam. É somente experimentando que se tornam curiosos para demandar informações e explicações, convertendo-as em conhecimento.

DIALOGANDO COM A PESQUISA

Em todos os laboratórios, constatamos que o trabalho das oficinas permitia que os conceitos emergissem por demandas dos alunos a partir da experiência já em desenvolvimento. Observou-se que a apropriação do novo conhecimento ocorre numa situação de aprendizado sempre mediada pela experiência. Foi assim que se deu, por exemplo, na criação de um *rap* esperado no próprio laboratório de música, mas que ocorreu, de fato, em outro laboratório, embora valendo-se dos conhecimentos adquiridos sobre ritmos e musicalização. Por outro lado, na sala de aula, ministrando uma disciplina, situação diversa de uma oficina, pudemos observar que a exposição temática só ganha sentido para os alunos se os instiga a formular perguntas ou comentários nem sempre focados diretamente no assunto em exposição. Esta aparente divagação dos alunos é de fato para eles o processo utilizado para religar ou conectar as informações e os conhecimentos prévios. Se o professor navega nas respostas solicitadas pelo aluno, a exposição adquire sentido e, mais que isso, produz novas sínteses para o estudante. Se o professor insiste em se manter no foco específico de sua aula, perde-se a oportunidade e o aluno volta a se desinteressar e desconcentrar. Ora, esse imediatismo e aparente dispersão do aluno nas perguntas que faz é seu novo jeito de apreender. Na sua vida real, abre várias janelas ao mesmo tempo. Tivemos a clareza desta percepção na terceira aula de geografia ministrada aos alunos na escola pública cuja temática foi o globo terrestre... e onde está o Brasil? Algumas das questões levantadas por eles:

Por que não neva aqui em São Paulo? O mundo vai acabar? O sol vai explodir? Por que nos polos é tão frio? E por que não se vê o sol nos polos durante o inverno?

A lógica de aprendizado dos adolescentes requer uma nova estratégia pedagógica: ensinar por vias porosas. O que não é tarefa fácil para o professor, pois exige dele maior capital cultural e conhecimento das chamadas notícias da atualidade veiculadas pelas mídias. Mas este é o caminho; o aluno aprende fazendo perguntas que parecem dispersar da temática da aula, para encontrar *links* e mediações. Já não é mais tão importante e necessário agarrar todas as informações elencadas no currículo escolar, mas provocar com perguntas; ensinar a perguntar e obter as respostas por meio da interação, pesquisa e experimentação. Para a sociedade complexa em que vivemos, talvez seja este o modo precioso de ensino. O professor para este tipo de aluno não pode se preocupar em esgotar o assunto da matéria planejada para aquela aula, mas em navegar com os alunos por aparente dispersão entre *links* que formula ou comenta; cabe ao professor produzir as mediações, viajar com os alunos num aparente "não conhecimento". Pode-se notar neste exemplo de aula de geografia que os alunos trazem um repertório apreendido nas reportagens de televisão.

O aprendizado mobiliza várias capacidades, não ocorrendo numa sequência linear do simples para o complexo. O aprendizado ocorre quando o adolescente percebe uma totalidade — desafio.

GESTÃO SOCIAL E TRABALHO SOCIAL   145

DIALOGANDO COM A PESQUISA

Não partimos, como poderia ser imaginado, iniciando o processo com habilidades simples para depois ir ao complexo. A descoberta talvez mais significativa é de que o adolescente estimula-se para o aprendizado quando capta a totalidade. As oficinas da maneira como foram realizadas permitiram a apreensão da totalidade. Na produção de *stop motion*, os adolescentes, mesmo apresentando dificuldades no início para o manuseio e a apropriação das diversas tecnologias apresentadas (programas para compor roteiros ou para realizar vídeos), no decorrer do processo abusaram da criatividade, pareciam profissionais, iguais em qualidade aos vídeos postados no *Youtube*. Todos vivenciaram um momento de realização. Gostam de ver o que são capazes de produzir e prestam atenção nas instruções, apesar dos comportamentos dispersos.

A aprendizagem pressupõe o exercício de valores e um processo de humanização. Vivemos em uma sociedade em que os valores proclamados são aqueles voltados à satisfação e à liberdade individuais; são valores de promoção individual. Esta é a questão: romper com o individualismo e desenvolver valores referidos ao bem comum, ao bem coletivo, ao outro, à natureza.

É nesse período da adolescência, plena de busca de sociabilidade e de identidade — em que a relação é o bem mais precioso — que se torna mais importante o exercício de valores plenos de humanidade em contraponto a valores hedonistas. Mas como desenvolver novos valores com adolescentes cujo hábito recorrente é o de zoar e cuja prática de incivilidade na relação com o outro e com o espaço institucional é costumeira?

Adolescentes na relação com seus pares conportam-se como tribos em contínua disputa; produzem, muitas vezes, no ato de zoar, algumas interações agressivas e nocivas. Por exemplo: entrar no computador do outro e apagar o que já havia feito. Esconder as mochilas de duas meninas e deixá-las desesperadas. Estragar toda a massinha, sem motivo aparente, não a utlizando para uma atividade, fazer bolinha e jogar no outro. Percebe-se que este tipo de ação está ligado a uma brincadeira, mas não sabem parar quando ela deixa de ser. Não têm o menor controle, nem a consciência de limites.

É necessário insistir e repactuar acordos de convivência de forma sistemática, não é suficiente fazê-lo uma única vez, no início dos trabalhos. Os acordos referentes ao cuidado com o espaço coletivo são, no geral, rapidamente assimilados, mas aqueles que dizem respeito ao convívio com os colegas e monitores requerem um contínuo aprendizado: retomar, por exemplo, o agradecimento e gestos de gentileza na convivência; retomar o sentido da cooperação, aceitação do outro. Aprender a reconhecer dilemas de justiça, argumentá-los e posicionar-se frente a eles.

DIALOGANDO COM A PESQUISA

Talvez porque tenhamos valorizado muito o cuidado estético nas oficinas, as regras que diziam respeito ao zelo com a Casa das Caldeiras foram um total sucesso. Cuidaram dela, sem depredar, apropriaram-se dos cuidados na recolha do lixo, na limpeza dos banheiros, na relação com os monitores, fazendo questão de cumprimentar e agradecer. O fato de ser um espaço bonito, sempre organizado, e de possuírem monitores com quem puderam conversar, confiar e aproveitar as atividades que os interessavam, manteve esta conduta.

Para trabalhar valores precisamos de ambiências propiciadoras de liberdade e expressão; é nesse clima que se desenvolvem a alteridade e a resiliência para conviver em sociedade, buscando a equidade, o cuidado, o acolhimento do outro, a cooperação. Neste processo, o aluno adolescente precisa ser ouvido. É importante escutar o que tem a dizer, buscar entender suas demandas, não prejulgá-los, não reprimi-los, mas exercer a autoridade com diálogo, sobretudo quando as questões ultrapassam os limites. No exercício de valores, um fato é bastante claro: os alunos precisam ser olhados nos olhos, o que nem sempre o professor faz em sala de aula.

A sociabilidade precisa ser cuidada

Apoiando-nos em estudos de Agnès van Zanten (2000) sobre a sociabilidade de adolescentes, dois modos privilegiados de socialização estão presentes: um, a socialização escolar pautada em valores legítimos da sociedade global, e outro, mais orientado por valores locais e experiências de vida vivenciados no bairro, na rua, denominados "desviantes" quando confrontados à lógica da escola.

O papel da instituição de ensino na construção de identidades orientadas à integração escolar e social é bem conhecido. Os estudos apontam claramente que a escola, junto a uma minoria de alunos, tem sucesso em operar a socialização nos seus moldes, exigindo deles não um mero conformismo, mas uma verdadeira adesão à instituição escolar através, sobretudo, da linguagem. No entanto, é pouco conhecido o papel da escola no que concerne ao reforço ou a alteração de identidades próximas da cultura da rua e do bairro.

Para Van Zanten (2000), uma forma de estudar a interação entre a experiência de vida na cidade e a experiência escolar dos adolescentes, sobretudo da periferia, é conhecer a composição de sua rede de amigos. Como já vimos, ter amigos é a experiência mais importante referida pelos adolescentes. A escolha de amigos entre colegas da escola ou amigos da vizinhança de moradia, ou da família, faz certa diferença entre caminhos de socialização. No entanto, essas escolhas estão no geral imbricadas comportando amigos da escola e do território de moradia.

Para os adolescentes pesquisados por Van Zanten (2000), os amigos na escola são importantes, mas há diferenças. Os "bons" alunos têm mais amigos entre colegas de classe; os alunos com menor desempenho têm seus amigos em maior proporção nos territórios de moradia e em menor proporção entre colegas da escola e, menos ainda, no interior de sua própria classe de aula. No interior de uma mesma turma escolar, os adolescentes tendem a fazer escolhas entre *status* escolar similares: bons alunos com bons alunos; alunos rebeldes com rebeldes, alunos calmos com alunos calmos.

Neste processo, há alunos que desenvolvem comportamentos pró-escola e outros contra a escola. Atividades pedagógicas de preparação das aulas, tarefas de estudo, leitura de textos têm papel importante para manter a mobilização pró-escola. Os alunos menos voltados aos estudos (multirrepetentes, rebeldes) voltam-se a amigos na escola para atividades ditas lícitas (como jogar uma bola...) e as chamadas ilícitas (como fumar, por exemplo).

Na nossa pesquisa, observando-se a relação entre escola (ensino fundamental 2) e os chamados alunos difíceis, fica cada vez mais claro que a instituição de ensino tem perdido espaço em sua socialização nessa faixa etária. E mesmo na garantia de aprendizagem. Os estudantes rejeitam um ensino e um processo homogeneizadores; não aceitama padronização de ritmos e sequências de aprendizado propostos pela escola atual.

Tornou-se absolutamente necessário um ensino mais personalizado que obedeça a ritmos e sequências diversas condizentes às diferenças; os alunos não querem mais a escola republicana de massas. Querem um processo escolar oposto que enxergue um a um nas suas particularidades e diversidades.

Os novos padrões socioculturais, uma participação que requer negociação e, sobretudo, as novas mídias e tecnologias de informação e comunicação derrubaram o prestígio da escola convencional. O uso contínuo do celular e de redes como o Facebook marca um novo modo de aprender para o qual a escola ainda não se preparou.

Transgressões e violência na escola[4]

Violência e transgressões na escola e na sociedade têm sido alvo de inúmeras políticas e normativas que visam proteger grupos vulneráveis. Entretanto, comportamentos transgressores ou violentos não têm uma explicação única ou simples.

Sem desconsiderar os sistemas econômicos geradores de desigualdade e exclusão, é preciso também olhar os processos societários que atingem diretamente o cotidiano de vida das pessoas. Estamos vivendo em uma sociedade complexa, fortemente urbana e desigual; com uma mídia que espetaculiza o crime e a transgressão gratuita; com estruturas e serviços públicos descompromissados em gerar confiança social no próprio bem público e coletivo.

Na escola, o fracasso escolar expresso nos índices de abandono, distorção idade-série, reprovação é, em si, fator de violência. É importante argumentar que as escolas produzem violência ao buscar a homogeneização dos alunos pelos mecanismos disciplinares, não tolerando, portanto, as diferenças.

Ainda paira na instituição escolar uma forte concepção: a de que com a homogeneização é mais fácil trabalhar. Ao mesmo tempo que a escola não aceita as diferenças, ela é entremeada por formas de resistência. Entender essa relação demanda aceitar a escola como um lugar de tensão entre forças antagônicas.

Para Guimarães (1996), o objetivo de eliminar a violência e a indisciplina, ou colocá-las para fora do campo escolar, faz com que

---

4. Para discutir violência na escola, obtive contribuição de Maria Cristina Zelmanovits.

se perca a compreensão da ambiguidade desses fenômenos que têm potência para restaurar a unidade grupal. Quando a tensão é vivida coletivamente, ela assegura a coesão do grupo, mas quando impedida de se expressar, transforma-se numa violência tão desenfreada que nenhum aparelho repressor, por mais eficiente que seja, poderá conter. Assim, a disciplina homogeneizada está destinada ao fracasso. E acrescenta: "É preciso lembrar que quando a escola não ganha significado para seus alunos, a mesma energia que leva ao envolvimento, ao interesse, pode transformar-se em apatia ou explodir em indisciplina e violência" (id., ibid., p. 68).

Das mais óbvias às mais sutis, mas nem por isso menos importantes, diversas são as formas de desvalorização que se tecem no interior das instituições de ensino, dificultando a relação empática tão necessária à proteção e ao cuidado do aluno dentro do ambiente escolar. Ao mesmo tempo, a desvalorização profissional do professor pela sociedade leva o aluno também a desvalorizá-lo. Segundo Aquino (1998), entre os fantasmas que rondam a escola, um dos principais é o que envolve a crise da autoridade do professor. Aquino acredita que grande parte dos efeitos da violência percebida no cenário escolar é correlata a essa crise, ou seja, a questão da autoridade do professor é um ponto nevrálgico da ética docente e regula o trabalho pedagógico funcionando como antídoto contra a violência na escola.

Desconsiderar as especificidades dos adolescentes e jovens significa construir obstáculos tanto à obtenção de resultados intelectuais, quanto à infusão de valores, inclusive os relacionados a uma cultura da paz.

A tentativa de compreender o fenômeno "violência na escola" precisa levar em conta a intervenção de diferentes fatores: exclusão escolar, condições familiares, comunitárias e societárias, impunidade social, deslegitimação da política e das instituições sociais, ideologias autoritárias, dificuldades de definição e percepção do futuro, identidades sociais.

Frequentemente, este conjugado de fatores refletido na vivência escolar reduz a força socializadora da escola, interferindo no ambiente relacional e permitindo que os alunos construam a violência como uma forma habitual de experiência escolar (Camacho, 2000). Ou, nas palavras de Abramovay (2006, p. 8),

> na escola, a violência não é vivida, muitas vezes, como um ato de agressividade, e sim como o modo habitual e cotidiano de ser tratado e de tratar o outro. O fenômeno passa a ser institucionalizado, comum, banalizado, como a violência que entra no nosso cotidiano.

Como produzir Igualdade e barrar a violência

Várias são as políticas e as estratégias que vêm sendo adotadas para enfrentar a violência. Não estamos impotentes e sem saída. Já são inúmeras as práticas que sinalizam para as condições efetivas de enfrentamento da violência e da discriminação nas escolas:

- Para lidar com expressões legítimas ou não de agressividade e conflito em uma instituição como a escola, é preciso valer-se da linguagem e da troca simbólica e não da força física. Concretamente isso significa que o problema não é fazer desaparecer da escola a agressividade e o conflito, mas regulá-los pela palavra, ficando bem entendido que a violência será bem mais provável à medida que a palavra se tornar impossível.
- É necessária a ação articulada dos serviços públicos no território. Quebra-se assim o isolamento das escolas no território em que se inserem; revaloriza-se o território e nele sua população que porta saberes, identidades, experiências. Coloca-se em marcha fluxos de complementaridade e articulação interserviços capazes de produzir uma atenção integrada e priorizar o olhar sobre a comunidade, flexibilizando rotinas

e processos para acolher as demandas microlocais. Muitos governos municipais já estão operando nesta concepção de gestão pública com impactos diretos na redução da discriminação e violência, pois dialogam com os saberes do território, fortalecem a confiança e coesão social.

- É vital construir uma nova/velha relação entre professor e aluno; uma relação pautada no acolhimento e no diálogo, na reserva de tempo semanal na grade escolar para o conhecimento e o fortalecimento de vínculos socioafetivos entre os alunos e também do professor sobre o cotidiano de vida/história de vida; tempos compartilhados para resolver conflitos e reconhecer expectativas/dificuldades/interesses de aprendizagem. Algumas escolas já criaram esse tempo semanal importante para o adolescente.
- A prioridade/consigna é abrir-se também para as famílias e as comunidades, envolvendo-as como sujeitos que ensinam e que também aprendem, na perspectiva de restaurar a confiança social perdida. Em alguns sistemas de ensino, escolas introduziram os chamados professores comunitários; professores da própria escola visitam as famílias de alunos com dificuldades de aprendizagem. Neste caso, a visita domiciliar tem uma função pedagógica. Outras escolas se valem de pais coordenadores para maior aproximação das famílias e escolas; e outras fazem ainda as reuniões de pais na própria comunidade e não na escola.
- É preciso investir em práticas que dizem respeito ao desenvolvimento da convivência social. Há uma retomada da importância de se desenvolver a convivência, além de conteúdos e práticas voltadas a construir valores e atitudes promotores do convívio. No Brasil, temos o Programa Escola Aberta nos fins de semana para que alunos, pais e moradores da comunidade possam usufruir de atividades esportivas, lúdicas e culturais na perspectiva de desenvolver relações de proximidade e convívio entre agentes da escola e da comunidade.

- Mas também são necessárias práticas de realização de uma justiça restaurativa no interior da escola; a justiça restaurativa é uma das novas correntes adotadas pelos juizados da infância e juventude. Trata-se de um processo que promove o encontro entre agredido, agressor e mediadores da escola e da comunidade. O objetivo é a reflexão conjunta, na qual argumentos de todos os implicados são considerados com vista ao estabelecimento de consensos, resolução do conflito e reparação de danos. A Secretaria de Educação do Estado de São Paulo já tem implantado em muitas das suas escolas a justiça restaurativa, instituindo inclusive o professor mediador.
- Por fim, é fundamental recuperar a função pedagógica da escola: muitos alunos marcados pela pobreza e pela vulnerabilidade social não entram na lógica da instituição escolar. Não é só a lógica da instituição que resta obscura aos olhos dos alunos, é seguidamente a do próprio saber e, por conseguinte, do ato ensino/aprendizagem. Deve-se, portanto, conceder uma grande atenção às questões ligadas às práticas de ensino cotidianas que, em último caso, constituem o coração escolar. É bem raro encontrar alunos violentos entre os que acham sentido e prazer na escola — esta é uma afirmação que faz recair uma pesada responsabilidade sobre os professores, mas que lhes atribui também maior dignidade profissional.

Oficinas com famílias: fatos e relatos contados por elas

Esta experiência de trabalho com famílias foi desenvolvida, em 2005, pelo Centro de Estudos e Pesquisas em Educação, Cultura e Ação Comunitária (Cenpec) numa parceria junto ao Programa Ação Família da Secretaria Municipal de Assistência e Desenvolvimento Social da prefeitura de São Paulo.

Dois profissionais se destacaram nesta aventura de diálogo e produção com um grupo de famílias dos bairros de Brasilândia e Butantã, localizados na zona norte e oeste, respectivamente, da cidade de São Paulo: Maria Cristina Zelmanovits e Biba Rigo. Assim, junto à equipe de Educação e Participação do Cenpec, sob coordenação, na época, de Maria Júlia Azevedo, desenvolvemos uma metodologia de trabalho com famílias que as colocasse como reais protagonistas e narradoras de sua história presente.

O caderno *Quem somos: fatos e relatos* (Cenpec, 2006a) é resultado desta experiência de construção que se deu por meio de realização de oficinas para subsidiar a ressignificação de temáticas como "vida em família" e "vida em comunidade" em setores vulneráveis. Foram referências metodológicas do trabalho nas oficinas a investigação cartográfica, a vivência da expressão artística e o exercício da comunicação oral, da leitura e da escrita, bem como a realização de uma experiência com a livraria da Vila em São Paulo, para explorar a importância da diagramação e ilustração dos relatos com desenhos e fotos produzidas, também, pelas próprias famílias. O caderno teve seu lançamento no Museu da Língua Portuguesa, na estação da Luz em São Paulo, com presença dos amigos, familiares, autoridades municipais e rodada de autógrafos.

O cuidado no desenho da proposta priorizou as dimensões da comunicação, da expressão e da estética como eixos norteadores do trabalho social. Isto porque tínhamos como pressuposto que a vulnerabilidade presente na vida dessas famílias não demandava apenas acesso à renda, mas também acesso a oportunidades de produção que dessem visibilidade à riqueza inventiva de sua história de vida. Dessa forma, partimos dos trajetos cotidianos nas comunidades e de referências textuais e gráficas que pudessem alimentar a construção de textos em alguns gêneros e em diversos suportes gráficos.

A proposta buscava, em primeiro lugar, desenvolver a fluência comunicativa, pois esta é uma competência substantiva para que as famílias em situação de vulnerabilidade possam acessar conteúdos, bens e serviços societários; e estratégia igualmente substantiva para produzir maior autonomia e inclusão social. A fluência comunicativa envolve a arte de comunicar, produzir interlocução política, apreender e expressar sentidos.

Em segundo lugar, era estratégico para nós produzir conhecimento mais denso sobre a trajetória de vida dessas famílias e sua relação com programas governamentais e serviços públicos. Ao dar voz às famílias, as legitimamos. Ir ao encontro delas, ouvi-las, entendê-las, reconhecê-las, significa sair de um lugar-comum de certezas e confrontar novas possibilidades para que as políticas públicas possam redesenhar os seus desenhos programáticos.

Para produzir um processo realmente participativo, era necessário garantir as seguintes condições:

- Assegurar coautoria das famílias, que não se faz por, mas sim com!

- Criar rotas de aprendizagem que permitissem às famílias construir novos conhecimentos com maior autonomia.
- Reconhecer e trabalhar com potencialidades e não só com as ausências.

Essa aposta metodológica de coconstrução e coautoria configurava-se, assim, numa ruptura com o pensamento tutelar, que subestima as capacidades de pensar e fazer, de transitar com autonomia, de exercer liberdades, e acaba reforçando e reproduzindo as relações de desigualdades na sociedade.

Não esqueçamos que a tutela é filha dileta do assistencialismo e do apadrinhamento, e quando enraizada no fazer público e presente nas políticas, programas e serviços de assistência social, educação e saúde, compromete a sua intervenção com o desenvolvimento das capacidades substantivas dos mais vulneráveis. Amartya Sen, Prêmio Nobel há alguns anos, já formulava esta equação social básica: não há possibilidade de exercemos liberdades substantivas se não tivermos nossas capacidades substantivas desenvolvidas (Sen, 2000).

Foram muitas histórias relatadas de próprio punho ou com auxílio de escribas (os monitores do grupo). O trabalho envolveu seis formadores responsáveis pela implementação das oficinas e vinte famílias do programa que seriam autores e narradoras das suas histórias.[1]

Interessa, aqui, trazer alguns relatos e não o conjunto da obra que pode ser consultado na íntegra na publicação do Cenpec (2006a),[2] para que possamos identificar a riqueza, as expressões e condições concretas da vida em família e da experiência comunitária, pela própria voz das suas protagonistas.

---

1. Vinte agentes de proteção social participaram do processo como forma de capacitá-los para a ação socioassistencial junto às famílias.

2. CENPEC. *Quem somos*: fatos e relatos. Secretaria Municipal de Assistência e Desenvolvimento Social e Centro de Estudos e Pesquisas em Educação, Cultura e Ação Comunitária. São Paulo: Cenpec, 2006a.

E é por elas que compreendemos suas trajetórias de migração para a cidade de São Paulo na busca por projetos de realização pessoal e familiar, mas com uma memória importante na tradição e na vivência do meio rural. Ressalta-se a importância da figura materna, delas como mães e as adversidades e dificuldades enfrentadas na criação dos filhos, ou delas como filhas e a importância da sua referência materna para repensar e recriar as suas relações familiares, expressas nos relatos História da minha mãe Dona Maria Luiz, de Eliane Batista da Silva, Minha filha, meu papel de mãe, de Maria da Paz Nascimento, e Que saudade, de Rosenilda Bezerra da Silva.

Entretanto, como também veremos, a figura paterna e a figura masculina são referências importantes nas trajetórias de vida familiares, na composição dos afetos e na constituição dos seus projetos de famílias. Isso se expressa, por exemplo, pelo olhar de uma criança de 12 anos, como Nairara, quando conta Histórias do pai, ou de uma mãe, como Edith, no belíssimo relato Cozinhando o galo.

Há relatos de famílias que, como já discutimos neste livro, não são núcleos, mas redes com referências fortes nas avós para a criação dos netos, como revelam Dona Adélia e sua neta Jéssica em Um pouco de mim, um pouco de Jéssica e Vida em família. Mas são também rede de proximidade e referência na luta pela sobrevivência primos, padrinhos, sogros e vizinhos, como se verá em muitos dos relatos.

De fato, a vida em São Paulo se entrelaça em experiências de luta pela sobrevivência, não isentas de sofrimento pela precariedade do acesso à infraestrutura urbana ou pelo enfrentamento das situações vivenciadas pelas famílias, mas onde se evidencia a força que as impulsiona a continuar mesmo entre tanta adversidade; há intensidades diversas na relação com programas governamentais e serviços públicos.

À medida que as oficinas foram se desenvolvendo de maneira significativa para as famílias e as conversas tornaram-se mais densas, foi possível constatar o quanto são potentes para produzir suas vidas mesmo com precariedades, as quais souberam enfrentar. Nem sempre em nosso trabalho social com famílias captamos essa potência e a tornamos um valor. Inclusive, como técnicos, exploramos pouco nos nossos relatórios a riqueza e a afetividade que, sim, emergem nas experiências relatadas por elas, como veremos a seguir.

Os relatos e as experiências nos revelaram que, na cultura da oralidade, a memória é a habilidade mais notável!

Deixemo-las falar, então!

A referência materna na trajetória de vida

HISTÓRIA DA MINHA MÃE DONA MARIA LUIZ
(Eliane Batista da Silva, 36 anos)

É uma história de uma mulher guerreira, que é minha mãe.

De manhã, a gente acordava chorando, eu e meus dois irmãos, porque não tinha o que a gente comer.

Então, minha mãe olhava no quintal e falava:

— Nossa! Eu com tanta galinha e meus filhos chorando.

Aí ela pegava uma galinha, botava debaixo do braço e ia vender na feira. Também pegava um balaio, botava na cabeça e ia apanhar cajá, goiaba e araçá, e ia pra feira vender. Com o dinheiro da venda, ela trazia pão pra gente, café e vinha toda feliz.

Ela foi uma mulher que batalhou bastante na roça. Cortava cana na roça.

A história que aconteceu com ela e que deixou os filhos muito tristes foi quando ela cortou o dedo. Ela perdeu o dedo cortando cana para dar o sustento da gente. Eu tinha de 9 para 10 anos. Minha mãe tem histórias que mostram que ela é uma mulher de muita coragem e esperteza. Quando nós éramos pequenos, ela e meu pai saíam nas noites de lua para pescar de tarrafa e no meio do caminho encontravam muito bicho bravo (guará-choco, cobra...). Ela não tinha medo de enfrentar as feras. Pelos filhos ela fazia tudo.

Tem uma história que ela saiu só comigo e com minha irmã andando pelas goiabeiras. Dali pularam dois caras, cada um com uma faca na mão.

Minha mãe gritou:

— Nelson (que é meu pai, que nem estava lá) vem aqui que tem um passarinho pra você matar.

Os caras saíram correndo porque pensaram que meu pai estava lá.

Minha mãe se defendeu muitas vezes chamando pelo meu pai que não estava. Quando ela via alguém estranho, ela já chamava e como ele não podia aparecer, ela dizia:

— Ai, Nelson quando vai fazer xixi passa dez anos dentro da cana... Vem logo, Nelson, senão o passarinho voa...

MINHA FILHA, MEU PAPEL DE MÃE
(Maria da Paz Nascimento, 37 anos)

Eu era diarista em Jequié (BA), morava com minha mãe. Quando engravidei, ela não me quis dentro de casa. Fui morar com uma amiga até minha filha nascer. Depois aluguei um quarto, coloquei a menina na creche e continuei trabalhando.

Criei sozinha, sem ajuda do pai. Ele não quis aceitar a gravidez, nem casar, nem registrar a criança. Nós namorávamos há sete anos. Vim para São Paulo, pensava em trabalhar e dar para minha filha uma vida melhor. Minha mãe e meus três irmãos já estavam aqui e meu irmão me mandou o dinheiro da passagem.

Minha mãe continuava não aceitando a neta, mesmo após o nascimento. Eu não entendia o porquê, já que minha irmã mais nova teve a mesma história que eu e continuava morando com ela. Eu acho que ela não gostava de mim.

Em São Paulo fiquei dois anos na casa de meu irmão. Após esse período comecei a receber o dinheiro do Renda Mínima. Pude construir um barraquinho de tábua e me mudei com minha filha, já com quatro anos. Comecei a trabalhar em uma firma como auxiliar de limpeza.

Eu acho então que comecei a ter mais responsabilidade de mãe. Atualmente minha filha está com treze anos e quando os filhos vão crescendo, as preocupações aumentam, ainda mais quando se é sozinha.

Precisa pensar em escola, saúde, roupas, sapatos e mais e mais conversas. Eu acho que agora ela precisa mais de mim porque somos só nós. Ela se sente só em ficar em casa, ela senta e me pergunta tudo, da escola, da vida. Diz que não quer namorar, quer estudar primeiro e eu vou conversando com ela sobre tudo em particular para ela não ter medo. Medo da violência. Ela não se acostuma aqui no bairro, não sai para nada sozinha.

Quando ela está comigo, ela se sente mais segura, eu acho que além de ser mãe, sou mais velha.

Minha filha não me dá trabalho, gosta de estudar, passear, ir à igreja, visitar a avó, os tios e os amigos.

Eu penso que o que minha mãe não me deu foi carinho, proteção e amor.

Minha filha conta que eu fiz diferente e fala contente.

Eu também podia ter dado minha filha, eu não quis, sei que mais tarde é ela que vai olhar para mim. Se penso na minha história desde pequena e olho para minha filha, eu fico feliz e orgulhosa.

Minha mãe não me criou, me deu para uma pessoa que ela não conhecia para criar até os 16 anos, aí me tomou novamente. Fui trabalhar em casa de família, entregava todo salário para minha mãe. Vivi com ela até os 23 anos, quando ela me pôs para fora de casa.

Hoje aos 37 anos meu sonho é construir minha casa de bloco, meu lar, para que eu e minha filha possamos morar em um lugar melhor.

QUE SAUDADE
(Rosenilda Bezerra da Silva, 35 anos)

Meu sofrimento começou em setembro de 2003.

Não, no caso começou mesmo em fevereiro, quando eu fui morar de aluguel. Fazia cinco meses que eu morava de aluguel no Novo Osasco, na divisa de São Paulo com Osasco, quando eu fiquei desempregada.

Meu marido trabalhava com reciclagem e com o que ele ganhava, ou a gente pagava o aluguel ou comia. Aí nós encontramos uma casa abandonada e ocupamos.

Nós ficamos quase um ano nessa casa. Eu fui trabalhar com o meu marido na reciclagem. Aí nós juntamos um dinheiro e após 9 meses que a gente estava nessa casa, a gente conseguiu comprar um barraco na favela do Real Parque. Lá eu pagava uma senhora para cuidar dos meus três filhos. Aí o filho dela viciou meu filho no farol. Começou a levar o meu filho mais velho, Alef, junto com ele. Viciou assim de ficar no farol fazendo malabares com bolinha pra pedir dinheiro. Todo o dinheiro que eles pegavam, usavam para jogar fliperama. A gente descobriu com dois meses, porque ele falava que ia para a escola, mas ia pro farol. Nessa época ele ficava só no farol do Shopping Morumbi.

Com cinco meses ele começou a fugir de casa. Nessa época ele começou a ficar no farol do Extra do Jaguaré e na Vila Iara. Eram os únicos dois lugares que eu encontrava ele. Eu fui no fórum pedir ajuda para interná-lo e consegui, colocaram ele num lugar, uma "casa de passagem" no Tatuapé, o nome eu não sei. Com dois dias que ele estava lá, ele fugiu.

Eles nem pra me avisar. Quem me avisou foi um segurança do Extra do Jaguaré que colocou ele para dormir no papelão, embaixo de uma rampa do estacionamento.

Meu menino passou meu celular e o segurança ligou, falando que o meu filho tinha fugido fazia um dia e meio e estava lá com ele. Fui lá, peguei o meu filho e levei para casa. Aí ele me falou que se eu saísse do Real Parque, ele voltava para casa. Eu vendi o barraco no Real Parque e comprei aqui no Sapé. Mas mesmo assim, já tem dois anos que ele está na rua.

Ele diz que acostumou com os moleques de lá. Ele vem em casa só para tomar banho e comer, só de vez em quando. Ele viaja pra Santos em trem cargueiro e até pro Rio ele já foi de trem.

Já pedi ajuda pro Conselho Tutelar do Butantã, mas a única entidade que me ajuda de vez em quando é o Projeto Travessia. Eles me ajudam encontrando meu filho pra mim, ligam me informando se ele está bem, como é que está, se está em São Paulo ou não. Tudo isso eles me informam, vêm em casa ver como eu estou, para ver se arrumamos um jeito de trazer meu filho de volta.

Eu conversei com Alef para ver se ele ia pro Norte com o meu pai, que minha mãe já é falecida.

Mas ele diz que se fosse a minha mãe ele ia; meu pai não porque é muito ruim. Ele me diz que se eu tentar levar ele à força, ele foge.

Eu, o pessoal do fórum e do Travessia achamos que ele queria sair do Real Parque porque lá os meninos de oito anos pra cima eram todos envolvidos com os traficantes. Não todos, mas a maioria. Eles ficavam nas esquinas das vielas para avisar os caras se vinha alguma viatura.

Aí a gente pensou que os caras queriam que ele ficasse também, mas ele não queria. E como o Alef não entrava lá no Real Parque sozinho, a gente achou que tinha alguma coisa, que talvez ele estivesse sendo ameaçado.

Quando ele ficava na Vila Iara, encontrou um menino que começou a levar ele pro centro, pro Vale do Anhangabaú. Ele está lá até hoje, tem quase dois anos. Os meninos de lá mexem com cola e o Alef se envolveu também, aí é que ele não quis mais sair da rua.

Meu filho agora está com 13 anos. Isso começou quando ele tinha 11. Desde que ele começou a fugir, eu vou no Conselho e no fórum. O fórum ainda me liga para eu passar na psicóloga, mas o Conselho nunca nem me ligou, nem veio me fazer visita.

A figura paterna ou masculina não é apenas a de provedor

HISTÓRIAS DO PAI
(Naiara Santos Braga, 12 anos)

Meu pai era muito levado, ouço muitas histórias de quando ele era jovem.

Uma vez, meu pai pulou a cerca da vizinha para pegar uma galinha porque lá tinha um galinheiro. E foi aquele monte de galinha para um lado, para outro lado, e ele finalmente pegou uma e levou para a minha cozinha.

Minha avó pôs a galinha na panela e foi aquele cheiro de galinha subindo. Minha avó falou:

— Onde você achou essa galinha tão cheirosa e bem gorda?

— Foi por aí, no meio dessas corridas...

E assim ele não contou o que aconteceu de verdade e minha avó nunca descobriu.

Agora vou contar outra história que aconteceu com meu pai:

Uma noite, meu pai estava andando numa viela muito escura que ia dar no mato. Foi então que se deparou com algo inesperado: um bicho, no meio do mato, que soltava fogo! Ele era vermelho, era horroroso, parecido com o demônio, diabo!

Meu pai saiu correndo e chegou em casa com muito medo, falando que tinha um bicho no mato.

Minha tia deu tanta risada dele e falou o que era o tal bicho.

Era apenas uma melancia com uma vela acesa dentro. Ela e um primo tinham posto a melancia pra ver se ele se assustava.

Ele levou o maior susto e saiu correndo pra trás. Ele, que era tão valentão, morreu de medo de uma melancia!

COZINHANDO O GALO
(Edith Costa Messias, 47 anos)

Sempre tive vontade de casar. Quando eu via um casamento ficava até emocionada.

Vim para São Paulo com 12 anos, com minha mãe. Aí conheci um rapaz de 27 anos e engravidei. Meu pai que descobriu. Eu já tava com 5 meses. Meu pai foi atrás do cabra, denunciou, deu até polícia. Aí ele ia se casar por obrigação. Assim eu não queria. E não teve jeito. Se fosse pra casar tinha que ser por amor.

Com 18 anos engravidei de novo. Era um morenaço! Mas já era casado.

Aí vim para o Rio Pequeno morar com meus pais. Arrumei outra filha. Desse moço eu gostava muito. Fomos morar juntos, mas ele começou a beber e me separei.

Com 22 tive a Michele, que nasceu de 8 meses, franzininha. O pai era motorista de caminhão, também bebia e não quis casório.

Um dia fui até a casa da minha cunhada e vi um moço e me apaixonei. Maurício era ex-presidiário e eu já tava louca de amor por ele. As pessoas me diziam:

— Cuidado pra não se machucar. Ele é ladrão e pode te matar.

Eu dizia:

— Só se for para me matar de amor.

Fomos morar juntos. Eu sempre falava de casamento e ele falava que tinha que sobrar dinheiro. Dessa vez eu não queria ter filho, mas ele jogou meus comprimidos no rio. E com tanto amor... fiquei grávida de novo e de novo. E tive um aborto.

Eu trabalhava de auxiliar de limpeza, trabalhava 12 horas. Ele não fazia nada. Achei injusto e separei. Aí fui morar com o pai da Michele, o motorista. Esse ficou doido e resolvi ir morar sozinha.

Então o Maurício foi se chegando, chegando, e ficamos juntos de novo. Ele até começou a trabalhar, mas falava que só casava se eu desse pra ele uma filha mulher.

Que mais filho que nada!

Um dia eu estava na igreja e perguntaram quem queria casar, que eles iam ajudar. Fui a primeira a levantar a mão. E depois de tanto tempo de convivência, 23 anos, ele aceitou.

Fui a primeira da turma da igreja a casar. Estou completando 4 meses de casada no civil e quero agora casar na igreja, mas, meu maridão já perdeu a aliança...

Família é rede

UM POUCO DE MIM, UM POUCO DE JÉSSICA
(Adélia dos Santos, 56 anos)

Eu me casei por amor e tive dois filhos homens que eu amo muito. Depois de dez anos, meu esposo começou a beber e eu comecei a desprezá-lo. No começo do casamento eu fui feliz, mas depois nós começamos a brigar por causa da bebida. Eu não deixei a minha casa, meu marido que teve cirrose e faleceu.

Meu filho mais novo me prometeu que se ele casasse e tivesse uma filha, ele dava pra mim. Casou, veio a filha e ele cumpriu a promessa. A mãe da minha neta também deu. Depois de um tempo eles tiveram outra filha e deram para a outra avó criar.

Minha neta, que considero filha, chama Jéssica. Eu cuido dela desde os primeiros dias de vida. Foi tudo bem até começar a adolescência. Na infância ela era uma menina muito sorridente, gostava de brincar de boneca, andar de bicicleta. Eu acompanhava em tudo: fazia as roupas das bonecas, arrumava os brinquedos que ela bagunçava... Eu mimei mesmo.

Hoje ela está com 15 anos e eu não tenho muita paciência, pois não sei cuidar de adolescente. É muito complicado. Quando as colegas dela chamam pra ir em algum lugar e eu não deixo, ela começa a chorar, diz que ninguém mais gosta dela, que se gostasse deixaria viver a vidinha dela, passear... Se eu digo não é não, mas quando tem uma pessoa responsável no meio da turma, aí eu deixo.

Ela acha que eu sou chata porque pego no pé dela, que eu tento revirar a vida dela. Por exemplo, quando eu vou até a escola para saber como a Jéssica está indo, ela fica zangada.

Eu sinto que ela ainda é uma criança, mas não é. Ela já é moçona no tamanho, mas ainda não tem tanta responsabilidade e é um pouco ingênua.

Jéssica sempre diz que mãe é aquela que cuida desde pequena, então ela tem um carinho especial por mim. Ela só dorme comigo, nunca quis dormir sozinha. Isso mostra o quanto ela me ama do jeito dela. Às vezes ela é meiga. Ela precisa aprender a ser mais cuidadosa com as coisas dela e comigo. E eu preciso aprender a ser mais paciente. Acho que assim vamos ficar numa boa.

VIDA EM FAMÍLIA

(Jéssica da Conceição Santos Reis, 12 anos)

Minha história foi assim:

Eu era uma menininha muito chata, eu chorava por tudo. Teve um dia que eu fui na casa de meu irmão Fabrício e eu ia em sua geladeira toda hora para beber água gelada. Eu bebi tanta água gelada que acabei doente no hospital, tomei muitas injeções e aprendi a não beber mais água gelada. Meu irmão perguntou se eu aprendi a lição.

Meu irmão Fabrício é muito chato, ele pega muito no meu pé. Quando saio para rua, ele fala "Jéssica, cuidado nos canos", mas às vezes ele fica legal.

Eu tenho um irmão que eu mais gosto que é o Felipe, mas ele se envolveu com drogas e seus amigos acabaram tirando a vida dele. Eu era muito grudada nele e minha mãe e meu pai sofreram muito com sua morte.

Essa é minha história.

PARTE III

Metodologias de trabalho social e formação

Metodologias de trabalho social

Iniciamos nosso livro indagando sobre a importância do trabalho social. Situamos o seu papel mediador e de materialização dos processos que concretizam a ação das políticas públicas no território, produzindo adesão e participação dos cidadãos.

Recuperamos a importância da sua tradição como ação sociopedagógica que, combinando saberes múltiplos convertidos em processos, argumentos, instrumentos, conteúdos e relação, gerou importantes processos participativos, reconhecimento dos aprendizados vividos e de mobilização popular, associados à transformação e à emancipação social.

Dimensão que foi se perdendo e diluindo no processo de tecnificação e profissionalização da gestão das políticas sociais, trazendo no seu bojo o controle técnico e a fiscalização dos públicos-alvo das diversas políticas. Sabemos que a oferta e o usufruto dos serviços da política pública são centrais, porém revelam-se incapazes de resultar em emancipação quando se operam sem mediações estratégicas nos processos de intervenção.

Nessa perspectiva, interessa refletir sobre as metodologias de trabalho social e o seu papel estratégico para promover a retotalização da ação da política, sua articulação e protagonismo do cidadão no processo de implementação e operação de programas sociais voltados a produzir resolutividade, desenvolvimento de capacidades e indução de mudanças.

Uma metodologia pressupõe uma concepção de mundo traduzida operacionalmente em ação

Podemos dizer que metodologias de trabalho social são constructos pensados a partir de intencionalidades, conhecimentos e experiências. De fato, é a metodologia que costura e assegura a intencionalidade e a efetividade social almejada e estabelece um ordenamento da ação, sustentado por um quadro referencial constituído de aportes teóricos e da experiência acumulada.

Nessa perspectiva, Mariangela Wanderley e Isaura Oliveira (2004, p. 17) afirmam: "definir uma metodologia de intervenção significa exercer a difícil arte de transformar os pressupostos teóricos escolhidos em diretrizes operacionais, e detalhar processos e técnicas de abordagem no seio das relações sociais que se pretende alterar".

Isto quer dizer que desenhar e transitar pela construção de metodologias de trabalho social pressupõem refletir sobre a concepção que nos guia no fazer de uma ação e que envolve necessariamente uma relação entre teoria e prática, entre pensamento e ação.

A escolha dos pressupostos teóricos, que dão embasamento à metodologia, a definição das diretrizes que operacionalizam a ação, a delimitação de processos e procedimentos do trabalho supõem um percurso que requer tanto a constituição de uma lógica na organização da intervenção, como também a produção de um conhecimento e, sobretudo, o diálogo com a realidade e com os sujeitos da intervenção.

O rigor na construção metodológica e a construção de percursos objetivos da ação não podem estar dissociados da realidade; a objetividade pressupõe subjetividade, pois é ela que dá o brilho, a intenção e o sentido da ação. Lembremos a passagem de Gramsci, quando afirma que a produção do saber deve estar vinculada à capacidade de compreender e se comprometer com a realidade.

> Na passagem do saber ao compreender, ao sentir e, vice-versa, do sentir ao compreender, ao saber, o elemento popular "sente", mas nem sempre compreende ou sabe e o elemento intelectual "sabe", mas nem sempre compreende e, menos ainda "sente". [...] O erro do intelectual consiste em acreditar que possa saber sem compreender, e principalmente, sem sentir e estar apaixonado (não só pelo saber em si, mas também pelo objeto do saber), isto é, em acreditar que o intelectual possa ser um intelectual (e não um mero pedante) sem sentir as paixões elementares do povo, compreendendo-as e, portanto, explicando-as e justificando-as em determinada situação histórica, bem como, relacionando-as dialeticamente com as leis da história, com uma concepção do mundo superior, científica e coerentemente elaborada com o "saber". Não se faz política-história sem esta paixão, isto é, sem esta conexão sentimental entre intelectuais e povo-nação (GRAMSCI, 2006, p. 222).

Nas ciências em geral, e especialmente nas ciências sociais e humanas, a produção do saber científico e dos processos teórico-metodológicos não pode ser avaliada apenas pelo seu valor cognitivo e/ou instrumental, mas também pela sua contribuição à justiça social e ao bem-estar humano. Embora façam parte do senso comum, as noções de neutralidade científica e determinismo tecnológico representam obstáculos para a produção de uma ciência democrática, capaz de melhorar a sociedade. Conforme aponta Boaventura de Sousa Santos (2003, p. 23), "É necessário buscar a objetividade superando a neutralidade, pois neutralidade é indiferença às consequências".

Embora já revele sinais de exaustão, o maior desafio é abandonar as ideias-força do velho paradigma positivista, inaugurado no século XIX e dominante no século XX, a partir das quais a produção do saber e os processos científicos e metodológicos se pautaram em função da separação entre sujeito e objeto do conhecimento, e entre conhecimento científico e as outras formas de conhecimento.

Com isto, a racionalidade cognitivo/instrumental marcou a ciência na modernidade. Produziu imensos e fantásticos avanços tecnológicos e científicos, mas, ao mesmo tempo, marcou a era do excesso de especialização. Ganhou voz o especialista e perderam voz a política, a utopia e a sabedoria popular. Como afirma Gilberto Dupas (2000, p. 32): "a filosofia foi expulsa para a periferia. O saber-fazer afastou o porquê fazer".

Hoje estamos adentrando em novo paradigma. Não se pode separar a construção de uma metodologia dos fundamentos que a sustentam. É necessário reconhecer a complexidade da relação entre os diversos sujeitos da ação e a complementaridade entre as diversas formas de conhecimento, de forma a aliar a produção do saber com a ética. O pensamento não dispensa a lucidez da ação e ação não dispensa a lucidez do pensamento. Caminham juntos.

Uma metodologia não é uma receita de bolo, depende do contexto em que se aplica e da reflexão de quem a utiliza

Uma metodologia não é receita de bolo; não pode se reduzir a uma prescrição de procedimentos a ser seguidos, independentemente dos contextos em que se aplicam.

Na condição de prescrição, a metodologia secundariza e mesmo mata a intencionalidade; padroniza e infantiliza os profissionais que movem a ação. Sua aplicação subordina-se ao contexto em que é aplicada. Um serviço/programa social é sempre sociorrelacional — este já é um princípio da maior importância — portanto, a condução da ação exige plasticidade para embeber-se do contexto.

Nas intervenções de caráter social, há de se considerar os contextos de implementação e desenvolvimento dos programas em um território que possui identidade, histórias, relações, necessidades e demandas; porta experiências e potências (não apenas mazelas), porta projetos. Portanto, exige o reconhecimento de identidades e trajetórias; exige interlocução com ações simultâneas desenvolvidas por vários outros setores e sujeitos sociais no mesmo território (GATTI, 2004).

Uma metodologia de ação reconhece totalidades e particularidades exigindo um olhar dialógico entre o todo e as partes, entre o singular e o coletivo. Pressupõe, assim, pensar a realidade como processo, em constante movimento e não isenta de tensões e contradições. Conforme aponta Nogueira (2001, p. 37):

> Assumir uma postura totalizante, que separa e distingue apenas para poder ficar em melhores condições de reunir e unificar. Entender que o real é sempre uma "síntese de múltiplas determinações", como dizia Marx, um processo multidimensional permanentemente submetido ao jogo de contradições que não cessam de se manifestar e se repor.

Nesse sentido, para se avançar na ação é preciso romper com as fronteiras setoriais e disciplinares; tornou-se necessário um olhar, pensar e agir multidimensionais. O que quer dizer que já não é possível separar e hierarquizar os fatores que conformam dada realidade. A realidade está em movimento e se revela numa cadeia de múltiplas determinações e multicausalidades, de forma que intervir nela pressupõe agir na sua totalidade, o que Nogueira (2001, p. 35) aponta como uma potência em termos de mudança de perspectiva:

> Em vez de uma inteligência que separa o complexo do mundo em pedaços isolados, fraciona os problemas e unidimensionaliza o multidimensional, como afirma Edgar Morin, precisamos de uma perspectiva que integre, organize e totalize. Só assim teremos como aproveitar de modo pleno as inúmeras possibilidades de compreensão e reflexão propiciadas pela evolução geral dos conhecimentos.

Assim, na atualidade, as especializações tornaram-se um complicador e não mais facilitador, tanto para agir na emancipação social e humana quanto para produzir conhecimento. Há um desalento e desencanto com ações parceladas originadas da própria especialização do conhecimento. O que se constata é que esse paradigma de ciência e sua corporificação na política social já não são convincentes, nem confiáveis, pois já não respondem mais às demandas de cidadãos e territórios que emergem, cada vez mais, de forma interconectada.

E é nesta condição que metodologias de trabalho social, que oxigenam seus processos de ação no contexto e a partir da conjuntura das comunidades e das próprias demandas e potências da população, ganham novos significados.

Daí a importância da mobilização e da articulação simultânea de organizações, serviços, projetos do território, visando ao fortalecimento da proteção e ao desenvolvimento social. A ação pública não pode ser refém de respostas padronizadas num país que clama por equidade, tampouco refém de demandas particularistas, sob pena de reforçar a desigualdade. É necessário ultrapassar desenhos metodológicos tutelares que privilegiam a ação junto às pessoas apenas para informar e operar relações/ações de interesses do programa e serviço público, desconsiderando as demandas e os interesses da população e o consórcio de outros agentes e serviços fundamentais no desenvolvimento das cidades.

Não é possível avançar na intervenção social sem proximidade dialética entre teoria e prática. Inovação e compromisso se constroem nesta cumplicidade reflexão—ação—reflexão. Por isso mesmo passaram a ser da maior importância pesquisas sobre inovação programática e processual ancoradas na ação. Supõem o aprofundamento de teorias de ação e o investimento em estudos e pesquisas à intervenção concreta.

Como afirmava Gramsci (2006, p. 187): "é preciso atrair voluntariamente a atenção para o presente do modo como ele é, se se quer transformá-lo".

Para tanto, é preciso romper com a monocultura do saber. Por esta via, transformou-se a ciência moderna e a "alta cultura" em critérios únicos de verdade e de qualidade estética, respectivamente.

Essa condição reforça um pensamento único que interdita o agir (Santos, 2006). E essa perspectiva não é condição apenas da ciência ou da cultura. No social, muitas ações se tornaram inviáveis pelo excesso de certeza dos agentes que se movimentam junto aos grupos em situação de pobreza e vulnerabilidade, pelo voluntarismo com que pretendiam moldar a história destes em vez de fazê-la em conjunto, refazendo-se nesse processo. No reinado dos saberes científicos e técnicos, nós profissionais nos arrogamos à condição de porta-vozes dos saberes e reivindicações dos pouco reconhecidos na sua cidadania. Não lhes fortalecemos a voz e a interlocução política. Assim, se queremos tornar visíveis as experiências sociais, faz-se necessário religar os saberes vividos do popular, da cultura, da cotidianidade.

Elinor Ostrom(2005), Prêmio Nobel de Economia em 2009, reafirmou em suas pesquisas a importância e a sabedoria contidas no conhecimento popular. A hipervalorização da ciência e da técnica relativizou todos os demais saberes — o popular, o religioso, o local... Ora, tais saberes — na ação e na pesquisa social — são ponto de partida e mediação necessária. O pensar, o saber, o agir não são exclusivos de agentes profissionais ou de uma elite "iluminada". A "fruição" que ocorre entre os múltiplos conhecimentos e saberes que governam o fazer social não permite defender qualquer atributo de pureza a um ou a outro. Tais conhecimentos e saberes guardam relativa coerência nas muitas sínteses que processam para mover a ação.

A esse respeito, André Gorz (2005) afirma que a crítica ao conhecimento produzido pelas ciências é a de que este quase sempre ignorou os saberes vividos, não se deixou guiar pelas necessidades do mundo experimentado, desqualificou os saberes e monopolizou o saber. Para ele:

> O conhecimento intuitivo da realidade sensível das coisas, tal como elas são, é adquirido pela experiência. Os conhecimentos, que permitem pensar o que não pode ser compreendido intuitivamente, poderiam completar, corrigir e prolongar os saberes vividos, alargando o alcance e o horizonte e procurando ser acessíveis e assimiláveis para todos. [...]

A qualidade de uma cultura e de uma civilização depende do equilíbrio dinâmico que elas conseguem criar entre os saberes intuitivos do mundo vivido e o desenvolvimento dos conhecimentos (GORZ, 2005, p. 43).

Há de se recuperar, portanto, o conhecimento que se faz a partir da ação e relação com os chamados grupos populares no terreno próprio da ação.

Uma metodologia de trabalho social tem natureza sociorrelacional e, portanto, exige sujeitos, relação e ética

No trabalho social, não basta agir com nosso público-alvo específico apartado de suas relações e implicações com os demais grupos do território. Ou tocamos todos com nossa ação ou perdemos em efetividade. A vida coletiva em dado território forja uma trama de relações, forja uma cultura a partir da qual se constroem resistências ou adesões à mudança. Por isso mesmo dizemos que a força de dado público-alvo depende da força de um coletivo que convive no mesmo cotidiano.

Metodologias de trabalho social devem identificar e construir oportunidades que permitam à população processar mudanças desde dentro; nenhuma mudança ocorre se não querida e apropriada. Assim, as oportunidades são elas próprias possibilidades que provocam e instigam movimentos, mas precisam ser desejadas e usufruídas para resultar em mudanças.

Para obter mudanças sustentáveis, a ação se move a partir de relações e articulações que só ganham concretude na proximidade, diríamos no próprio terreno da ação, no território. As metodologias na sua dimensão estratégica e operacional agregam arranjos destinados a produzir ampla informação, comunicação, negociação, adesão, articulação e participação de um conjunto heterogêneo de sujeitos sociais, situados ou implicados no território de intervenção, como são os serviços governamentais, as organizações da sociedade civil e a própria comunidade beneficiária.

Nesse sentido, a natureza sociorrelacional do trabalho social exige relações de proximidade e supõe mover ações em duas dimensões-chave de fundamental importância: a *arte*[3] *da comunicação* e a *arte da articulação*.

O processo comunicativo irriga todos os anéis da ação; não é a técnica, não é a máquina que movimenta a ação, e sim a própria *comunicação* que produz aproximação e constrói sentidos.

É fácil identificar o fluxo comunicativo nos processos de acolhimento e construção de vínculos com os indivíduos e famílias que recorrem aos serviços públicos. Sem dúvida, o acolhimento é um típico ato comunicativo. Como diz Teixeira (2003, p. 50), "o acolhimento se faz pelas conversas em que identificamos, elaboramos e negociamos as necessidades que podem vir a ser satisfeitas".

No entanto, é preciso compreender que todo *o* trabalho social é mediado por atos comunicativos: desde o acolhimento, a apropriação da informação, negociação, até os processos de participação, aprendizagem e produção coletiva.

A ação comunicativa é em si, também, uma competência a ser desenvolvida junto à população para fortalecer o exercício da cidadania

---

3. Retoma-se o termo *arte* da perspectiva clássica (quase esquecida) de formação do profissional que a concebia como atividade artesanal, e o profissional como artesão.Talvez alguns de nós lembremos quando falávamos na arte das relações, na arte da ajuda... Estudos recentes sobre a questão da formação profissional vêm colocando destaque ao que se chama talento artístico. Advoga-se que na ação profissional, a ciência aplicada e a técnica baseada na pesquisa ocupam um território crítico importante, porém limitado, fazendo fronteira com o talento artístico (SHÖN, 2000). Há uma arte da sistematização de problemas, uma arte da implementação, uma arte da improvisação, necessárias ao uso competente de conhecimentos científicos e técnicos na intervenção social. Schön (2000) propõe "uma nova epistemologia da prática, que possa lidar mais facilmente com a questão do conhecimento profissional, tomando como ponto de partida a competência e o talento já inerentes à pratica habilidosa – especialmente a reflexão-na-ação que os profissionais desenvolvem em situações de incerteza, singularidade e conflito".

e a sua participação no espaço público, via na qual se dá a expressão de necessidades e demandas e de processos de negociação e participação, e que segundo Gatti (2005, p. 598; 2006, p. 26):

> só se pode manifestar depois que se tenha destruído o dogmatismo implícito das concepções de mundo tradicionais, e quando os requisitos de validade possam ser construídos pela argumentação, pelo confronto de diferentes posições, na procura de consensos aceitáveis.

É por essa razão que para Gatti (2004) é necessário uma mudança na racionalidade que move a ação. É preciso quebrar com a lógica dominante de processos diretivos de transmissão de informações/conhecimentos que consideram apenas a sua dimensão cognitiva, para recuperar as dimensões socioafetiva, relacional e cultural envolvidas.

> Os conhecimentos adquirem sentido ou não, são aceitos ou não, incorporados ou não, em função de complexos processos não apenas cognitivos, mas socioafetivo-culturais. Essa é uma das razões pelas quais tantos programas que visam mudanças de práticas, de posturas, mostram-se inefetivos. Seu centramento apenas nos aspectos cognitivos individuais esbarra nas representações sociais e na cultura de grupos (GATTI, 2004, p. 13).

A *articulação* é outro dos processos inerentes ao trabalho social. São as articulações que costuram a oferta de oportunidades e de acesso a serviços e relações no território. O ato articulador é absolutamente necessário para conjugar e integrar a população alvo a uma cadeia de programas e serviços complementares entre si.

Todavida, deve haver articulação também entre os saberes dos que operam ações de trabalho social. Não basta sermos bons pedagogos, assistenciais sociais, psicólogos: precisamos ganhar competências comunicativas, relacionais, articuladoras e saber somar competências e habilidades.

As equipes interdisciplinares hoje reivindicadas no trabalho social são valorizadas não mais por atuarem na particularidade e *expertise* disciplinar, mas por compartilharem e integrarem uma perspectiva multidimensional. Ou seja, não se quer mais um profissional unidimensional e incapaz de fazer as conexões entre diversas *expertises* disciplinares; é preciso integrar, misturar e agregar conhecimentos e habilidades para produzir a recuperação da totalidade.

Comunicação e articulação têm como perspectiva construir participação, mobilizar vontades e implementar pactos de complementaridade entre atores sociais, organizações, projetos e serviços. Movem processos e atividades em coautoria com os próprios implicados na ação. É preciso que os diversos sujeitos envolvidos queiram, valorizem e reconheçam como factíveis as ações desenvolvidas e as metas traçadas.

Dessa forma, a produção de metodologias de trabalho social não pode ser mais pautada numa racionalidade apenas instrumental, mas numa ação fundada nos princípios e numa racionalidade ética, estética, crítica, comunicativa e humanizadora da ação.

A ação diz respeito às ações dos homens, e remete ao fim último dos nossos atos: a completude do homem como homem. As ações se empreendem com o objetivo de que o homem chegue a ser o que ele mesmo é — que realize sua humanidade.

Nesse âmbito, não é possível dispensar um retorno a Aristóteles, uma vez que seu pensamento permanece como "referência necessária" às reflexões sobre esta temática. Aristóteles apreende a ação como ética e a virtude como o hábito de praticar o bem, supondo a intervenção da razão no agir e oferecendo, assim, os primeiros e indispensáveis elementos para "diferenciar a ação do movimento, do gesto, da produção, do comportamento, [...]" (BRANT, 1994, p. 15).

Portanto, quando nos referimos à ação como ética, estamos reafirmando que esta exige a busca do bem e não apenas a busca da verdade. O conhecimento científico na busca da objetividade e legitimidade acabou por produzir a separação entre busca da verdade e busca do bem. Nessa cisão, perdeu-se o sentido ético maior da ação: a busca do bem. Partindo desse pressuposto, é possível afirmar que as ações empreendidas pelos profissionais do social exigem um conhecimento para além do científico e tecnológico, pois estes não são suficientes para referenciar a intencionalidade ética e política da ação. São os fundamentos ontológicos, metafísicos, e mesmo teológicos, que fornecem a ancoragem ética da ação.

Trabalho social: três dimensões interdependentes da ação

A gestão, o fortalecimento das redes sociais locais, a ação direta junto aos moradores e comunidades com caráter mobilizador, educativo, socioinformacional e cultural tornam-se dimensões interdependentes a serem consolidadas nas lógicas de intervenção do trabalho social.

Dimensão da gestão no trabalho social

Como vimos, o trabalho social consolida-se como uma ação intencionada com base em diretrizes teóricas e metodológicas, que devem se materializar num ordenamento dos processos de trabalho no contexto da operação das políticas sociais. Isto que dizer que as ações de diagnóstico, planejamento e avaliação, próprias do ciclo da gestão, também permeiam o cotidiano do trabalho social. A intervenção requer o processo sistemático de leitura e análise da realidade, da conjuntura e da própria intervenção no âmbito dos programas e serviços sociais.

A *gestão* assegura os fluxos de ação inerentes ao trabalho social visando aos resultados pretendidos; percorre todas as fases de dado programa ou projeto social. Inclui o suporte às intervenções-fins projetadas, a escuta da população, o conhecimento e diagnóstico social, a mobilização e organização comunitária, além das ações propriamente de fortalecimento dos usuários para consolidação de seus direitos sociais. Isto é possível quando promovemos:

- Abertura de canais contínuos para escuta qualificada dos moradores: por meio de atendimento, assembleias ou reuniões periódicas ou instâncias de participação para decisão, acompanhamento e avaliação do programa via formação de conselhos cogestores.

- Introdução de mecanismos de engajamento e participação contínua das redes sociais existentes, via estabelecimento de parcerias com instituições e organizações para produção coletiva e compartilhada.

- Criação de sistemas de supervisão e de monitoramento e capacitação contínua por meio da troca de experiências.

Nesse sentido, uma boa implementação do trabalho social é condição necessária à gestão. Daí que o diagnóstico social, o planejamento e a avaliação tornam-se processos vivos e contínuos que realimentam o fazer do trabalho social, não como fases sequenciais, mas como processos interdependentes. As situações são complexas e nelas se ganha conhecimento por aproximações cumulativas, quando apoiadas em forte diálogo com moradores e grupos sociais.

Por isso, afirmamos que esses processos não se fazem apenas no escritório; ao contrário, envolvem embeber-se da conjuntura local, requerem implicar-se com e no terreno da ação.

O diagnóstico não é apenas um conjunto de informações e indicadores sociais que retratam a realidade social. Embora imprescindíveis, não são suficientes. É necessário interligar informações e conhecimentos; saber dialogar tanto com a frase de Montaigne: "Mais vale uma cabeça benfeita do que uma cabeça cheia", quanto com o verso de T. S. Elliot: "Onde está o conhecimento que perdemos na informação? Onde está a sabedoria que perdemos no conhecimento?" (NOGUEIRA, 2001, p. 38).

Por outro lado, a natureza sociorrelacional do trabalho social exige conhecimento dos territórios como espaços vivos, portadores de vínculos e forças econômicas, culturais e sociais, e não tão só de carências e debilidades.

Para avançar na ação e no conhecimento, precisamos identificar relações, religar, perceber as potências e desnudar as ausências.

Isto pressupõe estabelecer relações *in loco* com as populações que serão afetadas pela intervenção da política ou programa social, apresentar a proposta interventiva que se pretende realizar como mediação necessária à produção do diagnóstico social e estimular a população na revelação de suas condições de vida. Só nessa medida um diagnóstico social ganha cor e identidade local.

A experiência de Cabuçu revelou que a produção de cartografias pode se tornar estratégia metodológica importante para dar voz às populações locais, captando suas percepções de como veem, vivem e desejam o espaço urbano em que residem.

Dessa forma, é possível identificar não apenas as ausências, mas também as potências e arranjos urbanos de que se valem e de quais aspirariam valer-se. Permite, assim, revelar, na condução do processo, ao menos três dimensões: a social com seus usos; a sensível com suas ambiências; e a construída, a partir do acesso e sua funcionalidade.

As populações de um território conformam vínculos relacionais de proximidade tecidos em redes sociais, daí a importância de conhecer as comunidades de hábitat destas famílias. A produção de cartografias destas comunidades permite pontuar os serviços que possuem e seus ativos (os grupos de convivência, a rede social que dinamiza a vida comunitária); os projetos que movem os sujeitos da comunidade; as redes lúdicas, de apoio mútuo, de ensino e aprendizagem e de serviços de proximidade que ali existem. É sobejamente conhecida a importância da relação próxima e participativa das redes sociocomunitárias não só para construir sentido de pertencimento e de comunidade, como também para conferir legitimidade, confiança e efetividade aos serviços públicos instalados nos territórios da cidade.

CONDIÇÕES DE EFICÁCIA NA PRODUÇÃO DE UM DIAGNÓSTICO/PRODUÇÃO CARTOGRÁFICA

- Revelar na condução do processo ao menos três dimensões: a social com seus usos; a sensível com suas ambiências; e a construída e sua funcionalidade.
- Desenvolver um processo que estimule a população a expressar, como grupo e coletivo, as qualidades latentes dos territórios, as competências e o saber fazer local, e que permita dar um salto do olhar da queixa ou da ausência para a produção de um projeto coletivo.
- Produzir continuamente sínteses diagnósticas para e junto com os moradores e redes sociais do território, pois o próprio diagnóstico precisa ser legitimado pelos habitantes do local.
- Disponibilizar e usar diversos meios e estratégias de comunicação: cartas de informação, fixação de cartazes em pontos de referência, jornais locais e rádios comunitárias; exposição de fotos e depoimentos; uso de *sites* e redes sociais, bem como a utilização de locais e espaços públicos para realização de oficinas, atividades de divulgação e mobilização, reuniões de troca.
- Identificar e envolver os grupos de interesse (*stakeholders*) da sociedade civil, do governo, da iniciativa empresarial, que pertencem ao território ou que são exógenos, mas estão envolvidos na ação.

Na implantação de qualquer projeto social, é necessário fornecer informações pela via de canais acessáveis pela população e pelas redes sociais. Muitas vezes, esta informação se produz "no boca a boca" entre moradores e instituições locais e demais políticas e redes de organizações da sociedade civil, que devem dominar as informações para poder socializá-las no território. De uma boa informação dependem os planos de ação que produzem efeitos nas condições de vida da população e na capacidade organizativa dos territórios. Daí a importância do planejamento como processo deliberado e estratégico orientado tanto para o ordenamento e a organização da intervenção, como para o fortalecimento do capital social da população e dos territórios.

Mas atenção, informar não é tarefa simples. As informações precisam ser decodificadas e ganhar sentido para serem apropriadas. Quando apropriadas as informações pelos moradores, a participação ocorre quase naturalmente. Por isso, a insistência no desenvolvimento da fluência comunicativa. Uma informação é decodificada quando é argumentada e expressa pelos próprios públicos-alvo da informação.

Assim, é imprescindível a disseminação de informações indutoras de adesão e participação da comunidade, bem como a escuta e o envolvimento das redes vinculadas ao território e à intervenção nas fases de diagnóstico, planejamento e avaliação.

A dimensão da ação integral e em rede

As políticas públicas se materializam em serviços que estão alocados nos territórios. Um baixo ou precário desempenho dos serviços afeta a população, privando-a de recursos necessários a seu desenvolvimento. A gestão da política na cidade é ainda fortemente centralizada e setorial, restando pouco espaço para invenção de novos arranjos entre serviços nos distritos.

Na cidade de São Paulo, por exemplo, a organização dos serviços em redes é uma prática ainda pouco comum ou, no mínimo, muito incipiente na realidade da gestão das subprefeituras, bairros e/ou distritos da cidade. Essa timidez é resultado, em parte, da ausência de projetos comuns nos territórios. As subprefeituras se comportam mais como zeladorias urbanas do que atores públicos que devem mover o protagonismo de projetos urbanísticos socioterritoriais. Não há igualmente canais consolidados de participação de seus habitantes.

Trabalham-se as redes de proximidade por microterritórios e não por categorias; trabalham-se as redes de poder no seu conjunto no território maior.

As redes quando valorizadas alteram radicalmente a ambiência e a arquitetura da gestão pública local, pois introduzem uma nova cultura política no fazer social público, que se caracteriza por: socializar o poder, negociar, trabalhar com autonomias, flexibilizar, compatibilizar tempos heterogêneos e múltiplos dos atores e processos de ação. A perspectiva da rede é ativar potências e produzir metas comuns de ação no local, no território.

O território não é um espaço passivo onde se aloca a infraestrutura urbana e, portanto, os serviços públicos. Os territórios são ativos de economia, de bem-estar social, de sustentabilidade ambiental e de democracia, mesmo com graves fraturas e com barreiras de acesso e, nesse sentido, devem ser valorizados e fortalecidos para o desenvolvimento das suas estratégias. Como afirma García (2008, p. 22):

> É no território que as populações têm a possibilidade de construir ao longo de sua história uma identidade com significado positivo e forte simbologia. E é esse sentimento de identidade que permite às suas atuais gerações atuarem com personalidade própria no mundo globalizado, fator-chave para o seu progresso econômico e social, pois dessa característica decorre a autoconfiança para ampliar horizontes, incorporar novos elementos culturais e tecnológicos e aceitar novos desafios. Esses são ingredientes fundamentais para a construção coletiva do desenvolvimento humano: um sentimento de identidade aberto e pluralista.

A ação que se pensa e se opera em rede, sob a perspectiva relacional e de proximidade com o território, passa a agir multi-institucionalmente fortalecendo conexões e articulações entre instituições e a população, derrubando as fronteiras da setorialização da ação pública. A proximidade na questão do território não diz respeito à proximidade física, mas a uma ação mediadora das relações sociais no entorno social e territorial, que envolve de forma integrada os diversos serviços e os vários atores existentes. Nesse sentido, a ação em rede no trabalho social fortalece a dimensão da articulação da capacidade de resposta e integração dos territórios e das cidades.

Nesta condição, o trabalho social movimenta ações em rede que agregam diversos serviços, projetos, sujeitos e organizações no âmbito do território. A fruição da ação em rede provoca uma retomada da totalidade. Isto é, exige apreender a realidade social e nela agir como um complexo, um todo que é tecido junto (Nogueira, 2001, p. 35). Combinações programáticas ricas e diversificadas dependem da constituição de espaços-rede e programas-rede que as viabilizem, facilitando o trânsito entre possibilidades variadas de buscas de acesso, aprendizado, inclusão social.

PROGRAMAS

Espaços ou programas em redes permitem

— Combinar as políticas ou as ações das diferentes esferas de governo no conjunto do território, de forma a possibilitar a especificidade e a ação integral local, e fortalecer a confiança pública e cooperação cidadã.

— Articular ações não a partir de uma organização territorial fixa, mas flexível à configuração e à integração dos diversos territórios envolvidos na rede.

Contudo, atenção: mobilizar e agregar redes pressupõe um plano de ação no território e a sua discussão junto a um vasto conjunto de serviços, organizações e lideranças locais. Aumentam-se, assim, a ênfase em processos de circulação e a socialização de informações e conhecimentos, apoiados em fluxos de articulação e relação entre serviços e programas e entre as diversas redes existentes.

TIPOS DE REDES

No território encontramos vários tipos de redes: *redes sociais de proximidade*, que integram os serviços públicos (escolas, Unidades Básicas de Saúde, centros esportivos, Cras etc.), os de iniciativa privada (centros culturais, esportivos, *lan houses* etc.) ou os das organizações comunitárias, grupos informais, pastorais e associações de bairro, os próprios moradores etc. E as chamadas *redes de poder* compostas por gestores públicos, agentes, empresários com intervenção local e alguns mais variados *stakeholders* com capacidade de financiamento, apoio a intervenções locais, animação comunitária, insumos etc.

Acionar, mobilizar e buscar adesão das redes no âmbito da intervenção social fortalecem os territórios e promovem ganhos de qualidade de vida junto a sua população.

O fortalecimento das redes permite a construção progressiva de:
- Um sistema de coordenação aberto e otimizador de recursos, serviços e benefícios alocados pelas políticas setoriais.
- Uma articulação institucional local, de forma a assegurar a oferta de políticas públicas capazes de alterar a qualidade de vida da população do lugar e desenvolver o sentido pleno da cidadania.
- Uma agenda social básica de trabalho no território, consertada com as redes e moradores envolvidos.

- Um processo de aprendizagem social dos diversos atores locais que realizam ações, participam, discutem e negociam a agenda pública.
- Um conjunto interdependente de propósitos e ações a serem acionados na sua totalidade que promovam o desenvolvimento dos territórios nas suas diversas dimensões: urbanístico/habitacional, socioeconômica e produtiva, cultural e ambiental.

A dimensão da ação sociocultural e socioeducativa do trabalho social

O fundamento do trabalho social no âmbito das políticas públicas é a afirmação do próprio direito social. As mediações produzidas pelo trabalho social são indispensáveis para a apropriação e usufruto efetivo dos serviços e programas sociais, e para o desenvolvimento de oportunidades formativas da população.

Para agir nessa direção, é preciso reconhecer o sujeito na sua singularidade, ao mesmo tempo construir uma direção de trabalho coletivo. Não há, como vimos, um padrão único de desempenho da família, tornando-se pouco eficaz oferecer *kits* padronizados de trabalho social. A riqueza do trabalho social está em contemplar processos, estratégias e prazos diversos coerentes às heterogeneidades e particularidades expressas pelos sujeitos da intervenção, às suas dinâmicas singulares e coletivas. Posta esta condição, é possível dizer que os processos básicos de trabalho social conformam uma ação que supõe a interdependência das abordagens individuais, grupais e coletivas, tanto de caráter comunitário, como territorial ou em rede.

Apesar da fragmentação das vulnerabilidades que são cumulativas e atravessam, em geral, todas as dimensões de vida (moradia, renda, trabalho, saúde, educação, convivência...), é necessário um olhar multidimensional e retotalizador de suas demandas. Um olhar e um agir ao mesmo tempo na e com indivíduos e grupos para pensar o acesso e suas barreiras à estrutura de oportunidades e à oferta de serviços.

Mas o trabalho social no âmbito das políticas públicas não pode ser entendido como reprodução mecânica de diretrizes e ações dos programas, serviços e projetos. Há uma direção que lhe específica ao pôr acento em estratégias voltadas ao fortalecimento emancipatório e à autonomia das populações que são alvo das ações públicas; é preciso priorizar a interlocução política destas com a sociedade e Estado, objetivando dar voz e reconhecimento a elas; fortalecer vínculos relacionais capazes de assegurar inclusão social e o desenvolvimento da confiança no coletivo e das comunidades a que pertencem. O trabalho social introduz, assim, no fazer socioeducativo as dimensões ética, estética e comunicativa.

Fortalecer a autonomia pressupõe que conteúdos e atividades são resultantes de escolhas e de planos de ação traçados, dando voz à população, e não de programações preestabelecidas pelos programas e/ou profissionais. As atividades ganham sentido e capilaridade quando sua proposta está contextualizada e calcada na coconstrução. A experiência de trabalho tem revelado que a modalidade de palestras de caráter informativo, embora com temas de aparente interesse para a população, não consegue a participação esperada. Em geral, os participantes de tais atividades as abandonam porque as informações e diálogos resultam, no geral, em discussões artificiais ou periféricas, ao se delimitar fora do contexto vital dos grupos. A reflexão e a ação caminham juntas desde o início de sua formação.

Na área de educação, também vimos a importância da coautoria e protagonismo dos adolescentes como sujeitos de aprendizagem. Ensinar por vias porosas, como nova estratégia pedagógica, incentiva a interação, a pesquisa e a experimentação; promove a coconstrução de um processo de conhecimento pelo qual o aluno é incentivado a aprender fazendo perguntas, mesmo que pareçam dispersar da temática da aula, pois é por meio delas que se produzem *links* e mediações com os diversos saberes aprendidos dentro e fora da escola.

Nessa perspectiva, é condição imprescindível assegurar a *coautoria dos sujeitos* no desenho e na implementação da intervenção. Supõe considerar os saberes populares e possibilitar uma construção mais profícua entre estes e o saberes técnicos, tecnológicos e burocráticos próprios dos serviços, dando vez e voz à população e assegurando a participação. É por essa via que se mobilizam e adensam recursos, sujeitos e territórios na conquista de uma melhor qualidade de vida, fortalecendo redes e vínculos sociais, solidariedades de proximidade, capacidades de agir e de se engajar. A conquista de bem-estar de forma sustentável depende do envolvimento e do fortalecimento das redes sociais presentes nos territórios, na capacidade de projeção das cidades e seus habitantes, na conformação mesma da política e a suas intervenções continuadas no tempo, produzindo ganhos em termos de confiança pública. Recupera-se, assim, o atributo principal da ação pública de qualificar a cidadania, processando inclusão e atenção emancipadora.

Nesse sentido, a ação não é construção individual, é construção coletiva que se dá no espaço público, não apenas no âmbito privado de famílias e/ou indivíduos. A ação é relação, é processo e não apenas resultado.

Refletindo sobre a ação como exercício da política, temos de nos remeter necessariamente ao público-alvo dessa ação. E o nosso público-alvo é marcado pelas desigualdades e, portanto, pelo seu truncado e precário acesso às rotas de proteção e inclusão social, pela pouca presença na "res"pública e pelo pouco reconhecimento de sua cidadania.

Na essência do exercício da política está a distribuição do poder. Portanto, é essencial indagar: os programas e instituições se convertem em espaços públicos de vocalização e interlocução política aos cidadãos que os frequentam? São, em si, espaços de expressão e troca de saberes? Quando a autoria do conhecimento/ação não é compartilhada com o público-alvo, quando o sentido da ação é apropriado apenas pelo profissional sem espaço para o protagonismo do destinatário, a ação deixa de ser relação e não permite o fortalecimento da autonomia das pessoas.

Os indivíduos e grupos propiciam convivência entre vizinhos mesmo em grandes cidades; criam e recriam continuamente os vínculos, redes e coesões nos territórios e microterritórios em que circulam e habitam. Exploramos seu potencial empreendedor no plano das experiências geradoras de renda, mas pouco atentamos para esse potencial na melhoria da qualidade de vida do coletivo e na participação cívica e comunitária. De fato, as pessoas, em seu cotidiano vicinal, vitalizam a chamada esfera pública comunal; o desafio para a ação pública é lhes dar voz e vez, para participar da interlocução política.

Nesse sentido, a noção de coautoria não supõe a responsabilização e a idealização dos indivíduos como meros "portfólios de ativos" que precisam ser acionados para a melhoria de suas condições de vida, mas sobretudo como sujeitos coletivos que, quando fortalecidos e integrados nas redes locais, sociais e institucionais, ganham capacidades para acionar processos e relações nos seus territórios e comunidades para o enfrentamento, com êxito, das condições estruturais geralmente associadas a situações de pobreza.

Isso pressupõe o esforço do trabalho social na mobilização e articulação da dimensão relacional do território, expresso nos vínculos produzidos entre indivíduos, grupos e organizações, serviços e projetos do território, para uma ação compartilhada.

Tanto comunidade quanto o Estado, pela via de suas políticas e serviços, são poderosos geradores de proteção ao fazer circular conhecimentos, aportes culturais, relações e vínculos.

Trabalhar na perspectiva dos vínculos ajuda a compreender, por exemplo, que uma família não é núcleo, é rede, e que a mulher não é a sua única mediadora. Dessa forma, eleger apenas a mulher na família como porta de relação e parceria da intervenção é não só insuficiente como também equivocado, pois outros membros da família, especialmente quando escolhidos pela própria família, são mediadores tão ou mais eficazes que a própria mulher/mãe.

É necessário pensar a ação de modo mais radical: não é possível reduzir-se ao atendimento de condicionalidades ou restritos à advocacia social; um programa de emancipação precisa compor uma cesta mais ambiciosa de programas, serviços e projetos complementares. Exige, portanto, forte mobilização e articulação de esforços na implementação, acesso e usufruto de serviços básicos, entre eles os de convivência comunitária. E, sobretudo, exige a participação ativa no debate sobre as dificuldades de acesso e de cobertura dos serviços e oportunidades que aspira para alcançar maior autonomia. As condicionalidades exigidas dependem da oferta, inclusão e frequência dos filhos das famílias aos serviços de saúde e educação. Por isso, é preciso ir além, garantindo o alcance de metas/resultados de saúde e de educação, o que requer a construção de diálogo horizontal entre a escola, a Unidade Básica de Saúde, o Programa Saúde da Família e as próprias famílias.

Compreender que a família não é uma ilha, mas sujeito coletivo desvenda a importância da ação no território como condição de proteção. Assim, obter adesão e articular esforços de toda a comunidade são condições necessárias ao alcance de efetividade na proteção social. Na base destas ações, encontra-se um processo contínuo de construção de consensos para alcance dos resultados o qual depende do fortalecimento da convivência sociocomunitária; do investimento no desenvolvimento de capacidades substantivas; da melhoria da habitabilidade; e da importância do desenvolvimento de projetos de geração de trabalho e renda. Mas também implica processos de acolhimento e escuta (as histórias de vida, necessidades e demandas, potências e projetos de vida); encaminhamentos monitorados aos diversos serviços públicos de que a família necessita; informação e formação para ampliar o universo cultural e desenvolver capacidades e habilidades; bem como desenho e realização de projetos de interesse da população visando à melhoria de condições de vida.

Nessa perspectiva, a proteção social envolve uma oferta básica, porém não padronizada, de:
- Produção de melhorias nas condições materiais de vida, como a melhoria habitacional, por exemplo, que inclui, também, reformas da habitação e do meio circundante (habitabilidade

e saneamento, mesmo que alternativos). Já é sobejamente conhecido que parte dos benefícios monetários pode ser adiantada para aperfeiçoamentos pontuais e factíveis nas condições de moradia, requisito fortemente estratégico para impulsionar alterações no cotidiano das pessoas. Propõe-se aqui o uso de benefícios eventuais consignados na política de assistência social para que, conjugados com outros insumos da política pública, agilizem acessos e realização de melhorias, sobretudo no campo da habitação. E mais a introdução simultânea de microintervenções que fortaleçam o cuidado com o território, a fruição e o prazer em lá viver. Talvez esse seja um bom caminho para conquistar maior coesão social e qualidade de vida.

- Serviços e processos de fortalecimento da convivência social e desenvolvimento do sentido de pertencimento às redes existentes ou a serem recriadas no microterritório, promovendo o acesso a serviços das políticas públicas, bem como a inclusão no mundo de trabalho e renda, e formações que possibilitem aumento da empregabilidade e geração de renda. Os serviços de convivência e fortalecimento de vínculos operados pela política de assistência social perspectivam uma segurança socioassistencial da maior importância: a da convivência que opera com dois focos convergentes. O primeiro diz respeito à convivência entre pares assegurando relações, criação e fortalecimento de vínculos. Os grupos com os quais a assistência social trabalha carecem de oportunidades alargadas de sociabilidade, as quais nem sempre são encontradas nos territórios e cotidianos de vida. No caso de jovens e adolescentes, a convivência intragrupo de pares continua sendo a principal demanda, pois é por esta via que buscam resposta às suas necessidades de comunicação, autonomia, trocas afetivas e, principalmente, de identidade. Nesta perspectiva, os grupos intrapares voltam-se ao desenvolvimento de capacidades sociocomunicativas que permitem o alargamento da sociabilidade por meio de: expressão, comunicação, reconhecimento do outro e de si, cooperação, iniciativa, empatia, argumentação, saberes sociais e linguagens multimídias, sobretudo o Facebook, meio utilizado pelos grupos etários mais jovens. Sem dúvida, este espaço é também o da troca de experiências, histórias de vida, desabafos, conflitos, medos, interesses. Mas há outro foco indispensável, que diz respeito à convivência e ao fortalecimento de vínculos com as comunidades e cidade. É por meio dele que se cria igualmente o acesso a novas oportunidades de aprendizagem, cultura, tecnologia e lazer. Mas estas possibilidades requerem conhecimento, circulação e trânsito pelos serviços e oportunidades da cidade. Os serviços socioassistenciais de convivência e fortalecimento de vínculos precisam enveredar para essa direção. Conhecer e usufruir de novas relações, recursos e serviços, transitando pela cidade, ampliam o universo cultural e social necessário à autonomia. É com este foco que igualmente se insiste na criação de fóruns/espaços de interlocução política com formadores de opinião, gestores públicos, parlamentares, professores.

Sem dúvida, para tanto volta-se a consigna da articulação, do agir em redes com os demais serviços e recursos da cidade, permitindo aos nossos grupos populares acessos e relações, circulação e oportunidades de interlocução política.

Já se tornou consenso que é preciso otimizar recursos e ofertas já existentes no território; dinamizar potências do próprio território para compor uma cesta de oportunidades. Nestas condições, devemos pensar uma pauta mais estratégica para apoiar o nosso público-alvo na superação não apenas de vulnerabilidades materiais, mas também daquelas simbólicas que o priva de inclusão social.

A principal ferramenta, neste caso, é a capacidade comunicativa com leitura da conjuntura que afeta os grupos (de alguma forma estamos retomando aqui Paulo Freire!).

Passa a ser importante para nossos grupos aprender a lidar com a informação, refletir, debater, expressar opiniões e conhecimentos. Melhor combustível para isso são as conversas sobre as atualidades, com as quais o mundo midiático nos bombardeia e sobrecarrega. É a partir delas, processando-as, expressando-as, debatendo-as, que podemos falar em fortalecimento da capacidade crítica, fundamental para lidar com o mundo complexo social e do trabalho. As tecnologias de informação, o uso do computador, celular, Facebook ampliam habilidades. As conversas também de conjuntura realizadas com diretores de serviços públicos, empresários, prefeito ou vereador fortalecem a voz e a comunicabilidade.

Daí a importância de assegurar uma cesta de oportunidades socioculturais, lúdicas e de aprendizagem que permitam o desenvolvimento de competências substantivas (fluência comunicativa, domínio da leitura, da escrita e da comunicação oral e ampliação do universo informacional e cultural) e a inclusão no circuito de relações da comunidade e da cidade de pertença.

Os nossos públicos querem compreender o presente e obter ferramentas para conviver no aqui e agora. Querem se sentir potentes: estão, sem dúvida, limitados nas competências de escrita e leitura, mas a competência comunicativa supera tais limites quando ganham voz e se percebem fortes para revelar os aprendizados e os saberes adquiridos na vida.

É por este caminho que a cultura transita como motor que alavanca enormes oportunidades de aprendizagem.

A formação do trabalhador social

Dissemos no início desta publicação que a universidade não tem respondido às demandas de uma formação robusta dos profissionais para agirem na política social, em seus serviços e programas.

Há, nos projetos formativos, um divórcio entre a teoria, entendida como fundamento, e a ação, como prática. De alguma forma, este divórcio se estabeleceu décadas atrás quando a universidade passou a priorizar na formação os fundamentos teóricos e teleológicos da profissão, em detrimento da dimensão metodológica e, portanto, das práticas de ação na área social.

A dimensão metodológica é aquela que alia os fundamentos teóricos a formas de ação gerando métodos de trabalho, no sentido da criação de caminhos que dão significação concreta às perspectivas teleológicas.

Entretanto, na atualidade, há um descompasso entre uma realidade social, cada vez mais complexa, e a lacuna existente no campo do trabalho social, de processos metodológicos próprios e específicos capazes de fortalecer o seu campo de atuação no âmbito das políticas de ação sociais e/ou das organizações populares.

Havia ainda nas entrelinhas da opção desses projetos formativos uma disputa pelo reconhecimento maior do *status* acadêmico do serviço social, que derivou numa ruptura entre o "método para conhecer" e o "método para agir", este último relegado ao ostracismo. Se teoria e prática constituem-se em uma unidade dialética, esta ruptura e consequente ostracismo não fazem sentido.

É importante destacar que a necessidade de valorizar o conhecimento científico da área específica ao serviço social não aconteceu apenas com a nossa profissão. De fato, várias profissões especializadas buscaram ganhar prestígio por meio do estabelecimento das suas escolas nas universidades, configurando, assim, currículos normativos em que preponderou o ensino de disciplinas técnico-científicas em detrimento da prática. Como explicitaria Donald Schön (2000, p. 19):

> Como regra geral, quanto maior for a proximidade de alguém à ciência básica, maior o seu *status* acadêmico. O conhecimento geral e teórico desfruta de uma posição privilegiada. Mesmo nas profissões menos equipadas com uma sólida fundação de conhecimento profissional sistemático [...] o desejo do rigor do conhecimento de base científica leva as escolas a importarem acadêmicos dos departamentos vizinhos das ciências sociais. E o estatuto relativo de várias profissões está muito correlacionado à medida que conseguem apresentar-se como profissionais rigorosos do conhecimento de base científica e incorporar, em sua escolas, uma versão do currículo profissional normativo.

O serviço social teria também como particularidade uma direção de ruptura com a sua origem; a profissão institucionalizada como exercício profissional, segundo Iamamoto (2008), objetivaria uma intervenção no processo social, respaldada numa análise teórica e crítica da sociedade. Daí decorre a centralidade do projeto ético-político da profissão, que segundo Netto (1999, p. 105):

> Tem em seu núcleo o reconhecimento da liberdade como valor central — a liberdade concebida historicamente, como possibilidade de escolher entre alternativas concretas; daí um compromisso com a autonomia, a emancipação e a plena expansão dos indivíduos sociais. Consequentemente, o projeto profissional vincula-se a um projeto societário que propõe a construção de uma nova ordem social, sem dominação e/ou exploração de classe, etnia e gênero. A partir destas escolhas que o fundam, tal projeto afirma a defesa intransigente dos direitos humanos

e a recusa do arbítrio e dos preconceitos, contemplando positivamente o pluralismo — tanto na sociedade como no exercício profissional.

O nosso maior dilema é que a afirmação científica e teleológica não se desdobrou em mediações necessárias para orientar o "como" intervir na prática dos profissionais. O *status* profissional mantendo-se pouco valorizado, reproduziu uma danosa inversão: o valor atrelado às dimensões de produção de conhecimento, ensino e pesquisa, que são por excelência ancoragem à intervenção profissional, acabou ocultando a própria intervenção.

Para superar essa situação, é necessário religar as dimensões histórico-estruturais e as teórico-metodológicas, que explicitam e justificam historicamente a inserção da profissão, assim como o modo de conceber sua intervenção social, com as estratégias, técnicas e procedimentos necessários à ação intencional. Parece-nos que uma chave para essa mediação deve ser o resgate da análise e leitura da conjuntura. A teoria não se aplica ao real, mas ela orienta e ilumina a análise da prática quando compreendida nos contextos históricos e específicos de cada conjuntura e das relações que se expressam nas dimensões econômicas, sociais, culturais e políticas.

Nesse sentido, afirmamos que na formação do trabalhador social é absolutamente necessário um consistente e contínuo aprendizado voltado para a leitura e análise da conjuntura econômica, social, cultural, política, em seus desdobramentos reais no movimento de comunidades ou da sociedade em dado momento, considerando todos os atores sociais envolvidos. É preciso dar cor e vida a fatos e eventos para além de esquemas abstratos e engessantes.

As manifestações das realidades sociais (pois há uma heterogeneidade a considerar aqui) resistem a ser enquadradas em esquemas preestabelecidos. Se assim não fosse, não teríamos uma dinâmica social com mudanças e eventos surpreendentes, imprevistos ou imprevisíveis, como se pode observar na história social. Daí decorre a importância de compreender as ações gerais e estruturais e dialogar com os aportes teóricos à luz das particularidades da dinâmica da conjuntura. Somente assim poderemos entender e direcionar propriamente a intervenção.

Estado e sociedade estão requerendo, de seus profissionais do campo social, a produção de inovações consoantes às demandas impostas no século XXI. Inovações político-programáticas, metodológicas, processuais e de estratégias. Para realizá-las, precisam lançar mão da criatividade e avançar nas competências analíticas sobre a ação que realizam. Não é mais uma análise que disseca resultados isolados para compreender a ação que se move; ao contrário, é uma análise que retoma toda a ação buscando compreender suas relações, seu movimento e revelar tendências. Análises não são críticas no velho sentido; são apreensões antecipatórias geradas pela ação!

Assim, nesta mesma lógica, precisam diante de uma ação em movimento avançar na capacidade para intuir e inferir — tendências, ausências, potências —, a partir de processos e resultados obtidos na ação realizada. Precisam melhor compreender a sociedade complexa em que vivemos e nela as desigualdades que se engendram. Necessitam de novas metodologias e indicadores de análise (produzidos no avanço da ciência social e da ação) para que sua produção possa ser legitimada como fator de emancipação social e contributo científico.

As últimas gerações tiveram uma formação impregnada do paradigma científico prevalente no século XX, em que a divisão e a especialização eram condições inerentes à busca do conhecimento e da organização da ação (expressas na fragmentação disciplinar, na dogmatização de perspectivas teóricas, nas políticas setoriais e nos serviços igualmente fragmentados...). Fomos educadas para pensar de modo cartesiano, dividindo as dificuldades em pequenos pedaços, estudando-os detalhadamente para compreendermos seu funcionamento e sua composição. As nossas instituições e o nosso conhecimento seguem esta lógica das especialidades. Sabemos que esse modo de produção de conhecimento foi profundamente exitoso no avanço científico e tecnológico dos dois últimos séculos.

Todavia, os tempos mudaram e já não alcançam mais os êxitos observados anteriormente!

Aos profissionais de hoje, exige-se enveredar por caminhos do pensamento e da ação complexos, religando conhecimentos interdisciplinares para ganhar compreensão multidimensional. Os problemas da prática do mundo real já não se apresentam aos profissionais com estruturas bem delineadas, pois guardam características de complexidade, incerteza, instabilidade, singularidade e conflito de valores (Schön, 2000). A realidade social resiste a ser enquadrada em esquemas rígidos, exigindo do profissional forte capacidade analítica sobre a conjuntura política, social, econômica. Sem essa mediação, a própria leitura dos fundamentos estruturais perde sua função compreensiva e orientadora da ação.

Entretanto, como também apontam Rittel e Webber (1979), essa nova configuração exige mudanças na construção das políticas públicas e nos olhares e processos metodológicos de quem as operam. Isto porque os tipos de problemas com que os operadores de políticas públicas têm de lidar — os "problemas societais" — são inerentemente diferentes daqueles que eram antes enfrentados com processos lógicos e sequenciais. Os autores fazem referência aos "problemas traiçoeiros" para explicitar o grau de complexidade, as inter-relações e as imbrincações que se expressam na sua configuração. Esse desenho requer não só novas lentes para a sua compreensão, mas também demandam instrumentos organizativos adequados para tratamento de problemas que refletem a multidimensionalidade da realidade.

Nesse sentido, afirmamos que o trabalho social deixou de ser um campo específico ou exclusivo do assistente social, embora muitos dos referenciais teórico-metodológicos e de práxis tenham origem nessa área profissional. Na atualidade, múltiplas e novas ocupações profissionais (de nível médio ou universitário) adentraram este campo de ação (agentes comunitários de saúde, educadores socioculturais, terapeutas comunitários, comunicólogos, arquitetos de programas de habitação de interesse social, advogados...); ou, mesmo ainda, é possível perceber cada vez mais a presença maciça de várias profissões, como assistentes sociais, psicólogos sociais, pedagogos, sociólogos, coexistindo na prática, embora não tenhamos alcançado a coexistência compartilhada na intervenção, consolidando assim uma ação de totalidade e integrada. A realidade complexa contemporânea requer compartilhamento profissional na ação, rejeita a setorialização e a fragmentação de disciplinas ou setores da política social em ação. Conclama a totalidade. Não é por acaso que se enfatiza a interdisciplinariedade e a superação do olhar unidimensional e parcelar por um novo olhar, multidimensional e retotalizante da ação.

Esta intervenção é rica em diversidade: se faz nas áreas de cuidados, acolhimento, advocacia social, socioeducação dirigida a grupos majoritariamente vulneráveis, mas também nas dimensões da gestão, articulação, mobilização social e desenvolvimento integrado dos territórios. Essas dimensões, núcleo duro da intervenção, têm pouco espaço no processo formativo e na produção de conhecimentos. A intervenção social tem um papel e importância na sociedade, tem sua nobreza, guarda identidade e se assume na sua particularidade histórica. Mas, para descobrir essa potência, é preciso uma formação que recaia enfaticamente no agir profissional.

A formação do trabalhador social deve prover maior investimento nas habilidades interventivas, inventivas e criativas para desenhar projetos e produzir estratégias metodológicas assertivas. O nosso maior dilema na formação é que ainda domina uma epistemologia da prática calcada na racionalidade técnica, que procede e processa uma hierarquia de conhecimento, conforme nos alertava Schön (2000), e em que a lógica do currículo separa a dimensão teórica da metodológica, e isola igualmente o ensino da prática. Não é possível reduzir a formação a uma perspectiva técnica que concebe a profissão como ciência aplicada (conversão de conhecimentos...) e ao profissional como um técnico.

O ensino da prática tem sido, em geral, bastante descuidado. Embora se faça essa prática nos próprios serviços, programas e territórios que abarcam o trabalho social, sua seleção se faz sem critérios. E ainda não há, nas universidades e centros de formação, investimento para que a prática se desdobre em investigação continuada sobre serviços, programas e ações territoriais de excelência na intervenção profissional, para que possam ser reconhecidos como centros formativos da chamada prática habilidosa e competente.

Um profissional reflexivo exige o que Schön (2000, p. 21) denomina como uma nova epistemologia da prática, em que o ponto de partida para a construção do conhecimento profissional sejam "a competência e o talento já inerentes à prática habilidosa, especialmente a reflexão-na-ação que os profissionais desenvolvem em situações de incerteza, singularidade e conflito".

A reflexão na ação abre caminhos para desvendar as expressões da questão social, como problemáticas que se revelam de várias formas e ao mesmo tempo, e que requerem mediações necessárias para lidar com as zonas indeterminadas da prática, tais como a incerteza, a singularidade e os conflitos de valores, que escapam à racionalidade técnica.

Trabalhadores sociais têm seu campo de ação intrinsecamente envolvido com pessoas/grupos que necessariamente pensam, sentem, agem e reagem. Os processos de ação são processos de interação cognitiva, representacional e afetiva, cuja riqueza está precisamente na singularidade subjetiva que os caracteriza. Mesmo quando se trata de construção de políticas gerais, elas envolvem pessoas e suas concepções e crenças. Como dissemos anteriormente, são processos sociorrelacionais que demandam fortes capacidades de empatia e negociação de sentidos da ação proposta que não podem se limitar ao arbítrio racionalista de um trabalhador social "descarnado" do contexto situacional.

A reflexão na ação permite afirmar uma percepção mais acurada e politizada da questão social, expressa na:

- Consciência de que a pobreza brasileira não é faminta, mas tecida no círculo das enormes desigualdades que submetem os pobres ao pouquíssimo acesso a bens, serviços e riquezas da nação, acesso de que são privados, também, por desinformação contumaz;
- Consciência de que é preciso participar no desenho e na implementação das políticas públicas, com vista à sua maior

efetividade no enfrentamento desta chaga chamada desigualdade social;
- Consciência de que a lógica pública pode e deve ancorar-se no conceito da equidade.[4]

Percepção mais acurada que deve, necessariamente, desaguar num agir indutor no processo de formulação e desenvolvimento da política social e na instrumentação da ação. Por isso, é preciso exigir da formação as teorias da ação e investigações na ação para que possamos produzir intervenções assertivas e coerentes com a compreensão da questão social.

Contudo, o que significa instrumentação da ação para um trabalhador social?

Primeiramente, é necessário reafirmar que instrumentos de ação são decorrência de metodologias de ação e têm seus fundamentos teórico-lógicos. Instrumentos de ação são produções socioculturais. Como apontamos, as metodologias não nascem espontaneamente, ao contrário, são resultado da conversão de conhecimentos científicos, éticos e filosóficos, mas também da experimentação, validação e consolidação. Isto não significa que no interior dessa coluna vertebral — a metodologia — não possamos criar instrumentos como ferramentas sensíveis à conjuntura.

Tendo como base as metodologias, a instrumentação da ação requer alinhamento e coerência com as dimensões de intervenção do trabalhador social.

---

4. Na primeira metade do século XX, construímos uma política social pautada na igualdade de oportunidades que acabou por resultar em homogeneidade de serviços ofertados a todos os cidadãos. As fraturas nesse processo estão às claras para todos nós:

— não conseguiu garantir efetiva igualdade de oportunidades;

— não contempla conteúdos socialmente significativos, porque não pode ajustar-se à dinâmica de âmbitos sociais distintos (grupos sociais e regionais).

Resulta daí o hoje valorizado paradigma de equidade: oferta de múltiplas e distintas oportunidades que assegurem equidade na atenção e produzam o que todos os cidadãos têm direito: igualdade de resultados.

Formação e dimensão da gestão

Na dimensão da *gestão*, como vimos, o trabalho social exige intimidade com ações de diagnóstico, planejamento, coordenação, monitoramento e avaliação.

Podemos incluir no âmbito da gestão atividades de assessoramento, supervisão, capacitação. Há igualmente demandas por consultorias, pareceres técnicos que exigem experiência e conhecimento acumulado sobre campos de ação específicos.

A gestão de projetos, programas e serviços tem sido uma atividade bastante requisitada ao trabalhador social, o que requer formação para operá-la.

A gestão exige clareza do sentido, significado e normas que regulamentem a política, o programa ou o serviço. Sem esta clareza dificilmente se move um projeto e um coletivo com resultados efetivos.

Requer ações que se interpenetrem não sendo possível operá-las numa sequência linear, tampouco sem um olhar multidimensional. Não são apenas atividades de gerenciamento, mas também processos que exigem fluxos de ação, informação e decisão.

Consequentemente, supõe habilidades comunicativas, de negociação, produção de consensos e articulação com os demais serviços, programas, redes sociais presentes no território, sempre com o objetivo de assegurar organicidade e efetividade à própria ação-fim que se almeja.

A função do gestor é de coordenar, articular, mobilizar vontades, induzir, pactuar e fazer acontecer processos, metas e resultados; por isso mesmo, envolve monitoramento e avaliação de desempenho (processos e resultados) e de impactos. Também inclui garantir os investimentos necessários para que a ação coletiva deste serviço ou programa social tenha êxito. Investimento que não é apenas material, mas que também envolve, necessariamente, a formação em serviço da equipe e a supervisão técnica.

Como se vê, os conhecimentos e as habilidades de um gestor vão bem além da percepção que o reduz a um técnico burocrata que cuida apenas de operar normas traçadas nos níveis superiores.

Uma boa gestão é feita de competência técnica, política, administrativa e ética. Não sendo uma construção individual, mobiliza a construção coletiva; é exercício da política. É processo e não apenas resultado. Como exercício concreto da política, é produto da articulação intencional de conhecimentos, tecnologias, habilidades e atitudes. Quando se fala em gestor ou coordenador, fala-se em exercício da autoridade a serviço de uma construção e produção coletiva. Jamais pode significar autoritarismo, ao contrário, significa criar relações de horizontalidade e de confiança para fazer aflorar uma ação coletiva rica em criatividade e iniciativa. É nesta condição que a gestão se caracteriza como democrática e participativa.

No entanto, é preciso compreender que ninguém nasce gestor, o que significa dizer que a formação deve assumir a responsabilidade de ofertar conhecimentos e habilidades para tal. Como diz Nogueira (2013, p. 4), sem esta competência "as organizações podem ficar a deriva e em dificuldades para acompanhar o ritmo da vida e com ele interagir de forma produtiva e inteligente". E mais, Nogueira nos provoca, ao destacar a formação como desafio estratégico, que exige:

> preparar pessoas para agirem de modo crítico, autônomo, inteligente e socialmente responsável. É prepará-las para a produção, a gestão, a reprodução organizacional, o convívio e a transformação social. Formar não é criar líderes excepcionais [...] É criar vida coletiva e lideranças que saibam atuar em rede e democraticamente, unindo e articulando pessoas, áreas ou setores (Nogueira, 2013, p. 4).

Formação e dimensão da socioeducação

Contudo, também vimos que o trabalho social possui uma *dimensão socioeducativa*, vinculada às atividades "no terreno" com indivíduos, grupos, comunidades e lugares, lista extensa e transversal ao conjunto das políticas públicas. Mesmo assumindo recortes diferenciados ao campo das políticas em que se inserem, como saúde, assistência social, habitação, educação etc., as atividades reportam a um processo de socioeducação que envolve acolhimento, informação, orientação, cuidado, proteção social, *advocacy* e defesa de direitos, encaminhamentos monitorados voltados ao usufruto de oportunidades e serviços do território, no marco da realização de projetos desenhados em função das demandas detectadas e pactuadas com a população.

Sendo atividades relacionais supõem processos, continuidades e estratégias ancoradas em procedimentos metodológicos. Neste âmbito, o trabalhador social precisa ganhar o domínio das competências e habilidades inerentes a atividades-fins, que não se aprendem apenas teoricamente, mas que exigem, nesta dimensão também a prática refletida.

Tomemos, como exemplo, o acolhimento que na sociedade contemporânea tornou-se uma gritante demanda ética, em face do individualismo, do isolamento, do abandono e da apartação que se expressam no cotidiano de imensas maiorias populacionais.

Para o trabalhador social, o acolhimento é precisamente um processo que se dá na relação interpessoal, é um processo de atenção feita de empatia, escuta e aceitação. Não se reduz a um simples procedimento de recepção e escuta formal. Não se limita, igualmente, a uma primeira entrevista ou reunião grupal. Mantém-se ativo na continuidade das intervenções. O conhecimento do outro exige acolhimento, escuta qualificada de suas demandas e, mais que isso, de suas forças para lidar com privações e vulnerabilidades.

Para Ricardo Teixeira (2005), o acolhimento é concebido como uma rede de conversas tecidas nos serviços básicos públicos que exigem a construção de vínculos. Vínculos que só podem ser estabelecidos numa relação horizontal de diálogo que se oriente pela busca de maior conhecimento das necessidades de que o usuário se faz portador e dos modos de satisfazê-las. É por meio dessa construção que identificamos, elaboramos e negociamos as necessidades que podem vir a ser satisfeitas. Mas, como alerta Teixeira, é *no e com* o acolhimento que se definem a dimensão pragmática do encontro (que é institucional, pois se dá em serviços públicos), os domínios da ação que envolvem, também, emoções e afetos, e os domínios de significação, que supõem uma relação horizontal nas questões relativas a linguagem, informação, conhecimento e compreensão do entorno do atendimento. Isso potencializa e adensa as utilizações possíveis do próprio encontro.

Visto dessa forma, o acolhimento é, sem dúvida, uma atividade comunicativa da maior importância. Não há possibilidade de empoderamento do outro, ou do grupo, sem um denso acolhimento e construção de vínculos. O acolhimento implica a assunção de competências e princípios éticos para reconhecer o outro "como um ser singular", em suas vulnerabilidades, trajetórias e potências. Os vínculos só se constroem quando há verdadeiro reconhecimento do outro e quando aceitamos e acreditamos que o sentido de uma situação — o aqui e agora — é produção compartilhada que envolve, de um lado, os saberes técnicos do trabalhador social e, do outro, indivíduos ou grupos, portadores de aprendizados vividos. É exercitando tais princípios que se avança para a alteridade e para a aposta em processos e projetos de emancipação.

Neste processo de construção conjunta, arrolam-se e disponibilizam-se os recursos existentes num serviço ou programa, mas igualmente os recursos que o grupo-alvo aporta. Este processo é gerador de motivação mútua para uma caminhada que não se reduz a meros encaminhamentos.

O acolhimento tem uma incidência eminentemente afetiva que se configura como produção "intangível". Como afirma Teixeira (2003, p. 10), é com este intangível que a conversa deixa de ser "passiva" e progressivamente vai se tornando "ativa", avançando-se, conjuntamente, na posse de uma potência que se chama confiança mútua. Só pela via desta confiança criada é possível sustentar as dificuldades maiores de uma relação que é assimétrica, em que uma das partes está em busca de satisfação de necessidades, enquanto a outra parece deter os meios para satisfazê-las: o que um precisa e o que o outro tem a oferecer.

Um erro no acolhimento é pensá-lo na sua dimensão pragmática como apenas veículo para se chegar a um conjunto de acordos ou consensos; ao contrário, o acolhimento é o motor maior a uma construção conjunta de caminhos e resultados desejados pelo técnico/ serviço e usuário. Outro erro é pensar o acolhimento como uma fase da atenção social com duração limitada. De maneira oposta, ele é contínuo, depende de uma competente relação dialógica capaz de gerar vínculos e produzir construções conjuntas de caminho (para o qual os profissionais dependem de um conhecimento não apenas teórico, mas também uma dimensão relacional) e, na sequência, trilhar caminhadas sem tutela.

A intencionalidade pedagógica está em apoiar o indivíduo, o grupo no ato de conhecer e no agir, com ênfase nas capacidades de ligar e religar fatos e significados, realizar mediações, expressar, argumentar, pesquisar, construir nexos de compreensão do mundo e dele(s) no próprio mundo.

Por isso se vale de oficinas de conversas e produção de projetos, mas igualmente da circulação, da pesquisa e da usufruição de práticas culturais, lúdicas e tecnológicas. Todas elas têm o intuito de energizar a vida cotidiana pessoal e coletiva. Sua matéria-prima são os aprendizados acumulados na vida, trazidos pelos indivíduos e grupos, seus saberes vividos, para gerar conhecimentos e aprendizados centrados na conexão saber-fazer.

Retomar os saberes vividos permite aos grupos perceberem-se produtores de conhecimento e igualmente analisarem as múltiplas relações que dele derivam. Assim, torna-se um conhecimento articulador para a vida relacional, para a convivência em seu meio e para se mover no mundo.

Daí a importância do desenvolvimento da convivência social, que promove a construção de espaços de vivência, de interlocutores de proximidade, que amplia e dinamiza relações. Neste processo, valorizam-se especialmente as chamadas capacidades e habilidades não cognitivas como a comunicação, a cooperação, a confiança, o compromisso, a produção coletiva e o respeito, compreendendo-as como âncoras à expansão das capacidades cognitivas, mas, sobretudo, ao fortalecimento da coesão social e ao agir social.

O sentido de pertencimento e a garantia de inclusão social não se fazem apenas pragmaticamente com aumento da escolaridade, emprego e melhoria das condições objetivas de vida dos cidadãos. Há outras dimensões e valores necessários, que são referências do trabalho social:

- reconhecimento e aceitação das diferenças, mas com garantia de equidade e universalidade;
- valorização de relações de convivência, tais como a comunicação, sociabilidade, diálogo, tolerância e respeito à diversidade sociocultural;
- fortalecimento de redes organizadas de expressão e ação coletivas;
- presença da ética e da estética na intervenção social e no cotidiano da população;
- ganhos nas condições de cidadania, bem como do dinamismo civil e da confiança pública.

A formação do trabalhador social vem hoje acompanhada de expectativas mais exigentes quanto ao monitoramento e à avaliação de resultados; quer-se uma intervenção que produza resultados. Se até bem pouco tempo afirmamos princípios e ideários na condução da intervenção social, hoje a sociedade nos demanda resultados coerentes a esse ideário.

Formação e dimensão da informação

Os indivíduos precisam maximizar habilidades no plano da sociabilidade e convivência, aprender a acessar e processar informações e conhecimento; carecem do exercício de valores voltados ao bem comum, da ampliação de seu repertório cultural, da fluência comunicativa e domínio de outras linguagens, de forma a se sentir competente para acessar as riquezas da sociedade e obter ganhos de pertencimento e reconhecimento de sua cidadania.

Nesse sentido, toda aprendizagem útil e desejada funciona como potência capaz de debilitar os fatores que fazem esta população sucumbir às tramas da desigualdade; a aprendizagem produz autoconfiança e estimula a curiosidade por novos conhecimentos.

Espera-se, assim, do trabalhador social a *veiculação de informações* necessárias ao serviço/empreendimento/programa nos quais os grupos-alvo devem se engajar. Há uma enorme profusão de informações sendo veiculadas a todo minuto e por todos os meios e canais para os quais um indivíduo abre uma janela. Temos a cabeça cheia de informações que passam como os ventos, pois não se transformam em conhecimento para a vida cotidiana.

No entanto, sabemos que um programa ou um serviço necessitam abrir canais de informações para obter adesão, participação e conhecimento gerador de mudanças. São informações que podem produzir enormes resistências, pois são veiculadas com o objetivo de processar alterações definidas pela instituição, não necessariamente compartilhadas pelo público-alvo da mudança. Assim, tais informações podem ser apropriadas ou não, desejadas ou não, compreendidas ou não. Esta é uma das atividades esperadas do trabalhador social: processar informações, clarificá-las, obter adesão e torná-las instrumento de mudança.

Quando a informação é útil e valorizada, transforma-se em conhecimento valioso para a caminhada crítica do indivíduo, grupo ou coletivos.

O ato de conhecer envolve dois momentos que se interdependem. É preciso partir de um saber já apropriado, de uma experiência vivenciada, para que essa reflexão possibilite a construção de um novo saber.

A informação decorrente desta tensão entre os dois momentos deve permitir um processo que se dê desde dentro, e não de fora para dentro, como comumente acontece. A informação, neste caso, é precedida de problematização e de busca. É nessa medida que ganha significado e, portanto, é apreendida e valorizada.

O agente profissional não pode se colocar como porta-voz único de informações. As informações provêm também dos grupos, do território e dos agentes institucionais.

A distância entre a linguagem técnica burocrática dos serviços e a linguagem dos grupos sociais, sobretudo daqueles estigmatizados pelos déficits de escolarização, produz obstruções na comunicação; gera déficits de aderência e de contribuição de ambos os lados. Não facilita a apropriação do serviço pelos seus usuários e, em consequência, perde em eficácia e efetividade o próprio atendimento. Por outro lado, os cidadãos detêm um saber vivido decorrente de aprendizados acumulados em suas trajetórias de vida e, por isso mesmo, carregam dada compreensão dos serviços; possuem contribuições valiosas. Este saber é imprescindível na formatação de todo e qualquer projeto social.

Ora, a linguagem institucional e técnica parece, no mais das vezes, não se deixar guiar pelas necessidades do mundo experimentado; desqualificou os saberes, monopolizou o conhecimento. É preciso trazer os saberes populares e possibilitar a conversa mais profícua entre estes e o saberes técnicos, tecnológicos e burocráticos próprios dos serviços. Nesta mesma direção, os agentes implementadores da ação devem fornecer informações não apenas junto aos grupos-alvo específicos, como também junto aos serviços das demais políticas e redes de organizações da sociedade civil.

As práticas desenvolvidas pelos trabalhadores sociais junto aos grupos populares supõem a criação de processos metodológicos que se traduzam em canais e fluxos contínuos de informação, necessários a um processo que se quer reflexivo e emancipador. As experiências relatadas mostram que isto é direção fundamental e condição instrumental para ampliar as possibilidades de leitura crítica da realidade, para subsidiar a reflexão, decisão e ação, permitindo que os grupos de usuários das instituições se apropriem dos serviços que lhes são destinados.

Para as políticas sociais, o grande desafio é conquistar o engajamento das famílias de forma a mover uma ação com maior efetividade no campo dos serviços públicos que requerem uma gestão de proximidade. E, aqui, é importante distinguir a busca de participação da família, no sentido conservador e neoliberal de rateio do custo ou desresponsabilização do Estado, e a de partilhamento de objetivos e resultados a serem alcançados com a prestação de serviços sociais públicos.

Quando falamos, portanto, em participação, estamos a afirmar a busca de uma ação compartilhada entre população e serviço público, em que ambos conscientemente definem juntos objetivos, ações e metas para se chegar a resultados efetivos pactuados entre os dois. Neste caso, ambos se reconhecem nas suas particularidades e missões específicas; reconhecem que precisam agir juntos na construção de apoios mútuos para obter mudanças desejadas.

As famílias, por exemplo, trazem demandas inscritas como direitos, e o serviço, uma atenção pública com resolutividade inscrita como dever público estatal. Ambos, família e serviço público, regem-se nesta condição, pela lógica da cidadania e, neste caso, produzem um diálogo virtuoso.

Porém, no geral, esse diálogo virtuoso não ocorre, pois não se constroem relações de acolhida — igualitárias e compromissadas — geradoras de confiança. As disparidades que assolam nosso país reforçam uma relação desigual entre famílias que trazem suas demandas ao serviço público, e este deve prover atendimentos e soluções efetivas. Em sua maioria, as famílias carregam vulnerabilidades sociais cumulativas e adentram os serviços como "não cidadãos" ou cidadãos de segunda classe. Os serviços públicos, por sua vez, quase sempre, sobretudo os da periferia dos grandes centros urbanos, "amargam" seus déficits e sua impotência. Neste caso, não há diálogo e corresponsabilidade. Relações desiguais não produzem diálogo; produzem tutela, adiamentos, omissões, autoritarismo e conflitos.

Daí a necessidade de repactuar as corresponsabilidades entre famílias e serviços públicos, direcionadas à resolutividade das demandas. A isto chamamos de participação construída na lógica da cidadania, com direitos e deveres correlatos, regada por relações dialógicas.

REFERÊNCIAS

ABRAHÃO, Jorge de Castro. Evolução e desigualdade na educação brasileira. *Educação & Sociedade*, Campinas, v. 30, n. 108, p. 673-97, out. 2009.

ABRAMOVAY, Miriam. *Violência na meio escolar*: violência na e da escola no Brasil. Brasília, abr. 2006. Disponível em: <http://www.miriamabramovay.com/site/index.php?option=com_content&view=section&layout=blog&id=5&Itemid=2>. Acesso em: jul. 2012.

ACOSTA, Ana R.; VITALE, M. Amália F. (Org.). *Família*: redes, laços e políticas públicas. São Paulo: IEE/PUC-SP, 2003.

AFONSO, José R. Las relaciones intergubernamentales dentro de Brasil. *Revista de la Cepal*, Santiago: Cepal, n. 84, p. 135-57, dez. 2004.

_____. Novos desafios à descentralização fiscal no Brasil: as políticas sociais e as de transferências de renda. *Documento Cepal*, 2006.

AQUINO, Júlio G. A violência escolar e a crise da autoridade docente. *Caderno Cedes*, ano XIX, n. 47, p. 7-19, dez. 1998.

ARREGUI, Carola C. Gestão social: desafios e perspectivas no uso da informação e dos indicadores sociais. In: JUNQUEIRA, Luciano A. Prates et al. (Orgs.). *Gestão social*: mobilizações e conexões, São Paulo: LCTE, 2013. p. 67-75.

_____. O debate sobre a produção de indicadores sociais alternativos: demandas por novas formas de quantificação. *Serviço Social & Sociedade*, São Paulo, n. 111, set. 2012.

ARREGUI, Carola C.; BELFIORE, Wanderley M. A vulnerabilidade social é atributo da pobreza? *Serviço Social & Sociedade*, São Paulo, ano XXX, n. 97, p. 143-65, mar. 2009.

ASCHER, François. *Les nouveaux principes de l'urbanisme*. Paris: Éditions de l'Aube, 2010.

BAUMAN, Z. *Comunidade*: a busca por segurança no mundo atual. Rio de Janeiro: Jorge Zahar, 2003.

_____. *A vida para o consumo*: a transformação das pessoas em mercadoria. Rio de Janeiro: Jorge Zahar, 2008.

BORJA, J.; CASTELLS, M. *Local y global*. Barcelona: Taurus, 1997.

BRASIL. Ministério do Desenvolvimento Social e Combate à Fome. *Censo Suas 2011*. Brasília: MDS, Secretaria de Avaliação e Gestão da Informação; Secretaria Nacional de Assistência Social, 2012.

_____. Ministério do Desenvolvimento Social e Combate à Fome. Política Nacional de Assistência Social (PNAS), aprovada pelo Conselho Nacional de Assistência Social. Resolução n. 145, de 15 de outubro de 2004.

BRASIL. Ministério do Desenvolvimento Social e Combate à Fome. *Análise comparativa de programas de proteção social*: 1995 a 2003. Brasília: Ministério do Desenvolvimento Social, abr. 2004. (Mimeo.)

_____. Ministério do Desenvolvimento Social e Combate à Fome. Norma Operacional Básica (NOB/Suas), aprovada pelo Conselho Nacional de Assistência Social. Resolução n. 130, de 15 de julho de 2005. Brasília: MDS, 2005.

_____. Ministério do Desenvolvimento Social e Combate à Fome. Instituto de Estudos Especiais da Pontifícia Universidade Católica de São Paulo (MDS/IEE). *Capacita Suas*. Brasília: MDS, 2008. (Suas: configurando os eixos de mudança, v. 1.)

BRASLAVSKY, Cecília. *As novas tendências mundiais e as mudanças curriculares no ensino médio do Cone Sul da década de 90*. Texto elaborado para o Relatório Final do Seminário da Unesco em Genebra, 2000. Disponível em: <http://portal.mec.gov.br/seb/arquivos/pdf/novastend.pdf>. Acesso em: mar. 2010.

CALDEIRA, Teresa. *Cidade de muros*. São Paulo: Editora 34, 2003.

CAMACHO, Luiza Mitiko Yshiguro. *Violência e indisciplina nas práticas escolares de adolescentes*: um estudo das realidades de duas escolas semelhantes e diferentes entre si. 2000. Tese (Doutorado) — Universidade de São Paulo, São Paulo.

CAMARGO, José M.; FERREIRA, Francisco. *O benefício social único*: uma proposta de reforma da política social no Brasil. Rio de Janeiro. Texto para Discussão, Departamento de Economia, PUC-RJ, n. 443, mar. 2001.

CAPRERA, A. *Violência na escola*: uma análise de diferentes vozes e posições sociais. 2005. Tese (Doutorado) — Faculdade de Educação, Universidade Estadual de Campinas, Campinas.

CARVALHO, Maria do Carmo Brant de. A reemergência das solidariedades microterritoriais na formatação da política contemporânea. *São Paulo em Perspectiva*, revista da Fundação Seade, São Paulo, v. 11, n. 4, out./dez. 1994.

_____. Reemergência das solidariedades microterritoriais na formatação da política contemporânea. *São Paulo em Perspectiva*, revista da Fundação Seade, São Paulo, v. 11, n. 4, out./dez. 1997.

_____. Estado, sociedade civil e terceiro setor. *São Paulo em Perspectiva*, revista da Fundação Seade, São Paulo, v. 12, n. 4, 1998.

_____. Assistência social: reflexões sobre a política e sua regulação. *Serviço Social & Sociedade*, São Paulo, ano XXVII, n. 87, p. 123-31, set. 2006.

_____. *Aprendendo com os adolescentes*. Relatório de Pesquisa 2012. São Paulo, Associação Cultural Casa das Caldeiras, com apoio da Fundação Itaú Social. (Documento interno.)

_____; MANSUTTI, Maria Amabile. *Ensino fundamental 2*: dicas. São Paulo: Instituto Desiderata, v. 1, 7/1, n. 1, p. 22-43, 2010.

_____. A política de assistência social e seu reordenamento. *Serviço Social & Sociedade*, São Paulo: Cortez, 2006.

CASTEL, Robert. *La montée des incertitudes*: travail, protection, statut des individus. Paris: Édition du Seuil, 2009. (Col. La Couleur des Idées.)

_____. *Les métamorphoses de la question sociale:* une chronique du salariat. Paris: Fayard, 1995.

CASTELLS, Manuel. *Fim de milênio — a era da informação*: economia, sociedade e cultura. São Paulo: Paz e Terra, 1999. v. 3.

_____. *Sociedade em rede*. São Paulo: Paz e Terra, 1998.

CENPEC. *Quem somos*: fatos e relatos. Secretaria Municipal de Assistência e Desenvolvimento Social e Centro de Estudos e Pesquisas em Educação, Cultura e Ação Comunitária. São Paulo: Cenpec, 2006a.

_____. Educação e cidade. *Cadernos Cenpec*, São Paulo, n. 1, 2006b.

CEPAL (Comissão Econômica para América Latina e o Caribe). *Panorama social de América Latina 2012*: documento informativo. Santiago: Nações Unidas, 2012.

COHN, Amélia (Org.). *Saúde da família e SUS*: convergências e dissonâncias. Rio de Janeiro: Beco do Azougue; São Paulo: Cedec, 2009. p. 93-112.

COSTA, Rogério da. Por um novo conceito de comunidade: redes sociais, comunidades pessoais, inteligência coletiva. In: *Interface — Comunicação, Saúde, Educação*, v. 9, n. 17, p. 235-48, mar./ago. 2005a.

_____. *Noção de comunidade antes e depois da Internet*. Texto internet, 2005b.

DAYRELL, Juarez; NOGUEIRA, Paulo Henrique de Queiroz; MIRANDA, Shirley Aparecida de. Os jovens de 15 a 17 anos: características e especificidades educativas. In: CORTI, Ana Paula et al. Jovens de 15 a 17 anos no ensino fundamental. *Caderno de reflexões*. Brasília: Via Comunicação, 2011.

DEDECCA, C. S. Uma breve nota sobre a complexidade do desafio da redução da desigualdade e da pobreza segundo a PNAD 2012. *Textos para Discussão*, São Paulo: Rede Desenvolvimentista, 2013. Disponível em: http://www.reded.net.br/index.php?option=com_jdownloads&Itemid=419&view=viewdownload&catid=14&cid=275&lang=pt#.UxM1wvldUbw, Acesso em: 11 nov. 2013

DI GIOVANNI, G. Sistemas de proteção social: uma introdução conceitual. In: _____. *Reforma do Estado*. Políticas de emprego no Brasil. Campinas: Unicamp, 1998.

DINIZ, Eli. *Crise, reforma do Estado e governabilidade*: Brasil, 1985-95. Rio de Janeiro: Editora FGV, 2000.

DOWBOR, Ladislau. Por uma São Paulo inteligente. Disponível em: <http://www.cartamaior.com.br/templates/materiaMostrar.cfm?materia_id=21570>. Acesso em: 2 fev. 2013.

_____; KILSZTAJN, S. *Economia social no Brasil*. São Paulo: Senac, 2001.

DRAIBE, Sônia M. As políticas de combate à pobreza na América Latina. *São Paulo em Perspectiva*, v. 1, n. 2, p. 18-24, abr./jun. 1990.

_____. Uma nova institucionalidade das políticas sociais? Reflexões a propósito da experiência latino-americana recente de reformas e programas sociais. *São Paulo em Perspectiva*, revista da Fundação Seade, v. 11, n. 4, 1997.

DUBET, François. As desigualdades multiplicadas. Tradução de Maria do Carmo Duffles Teixeira. Revisão técnica de Léa Pinheiro Paixão e Maria José Jacques G. de Almeida. *Revista Brasileira de Educação*, Rio de Janeiro, Anped, n. 17, maio/ago. 2001.

DUPAS, Gilberto. *Ética e poder na sociedade de informação*. São Paulo: Ed. da Unesp, 2000.

_____. *Tensões contemporâneas entre o público e o privado*. São Paulo: Paz e Terra, 2003.

EVERS, Adalbert. The welfare mix approach: understing the pluralism of welfare systems. *Paper* apresentado em Congress Well-Being in Europe by Strengthening the Third Sector. Barcelona, maio 1993.

FARIA, Carlos V. de. *As cidades na cidade*. Lisboa: Esfera do Caos, 2009.

FARIA, Ernesto Martins. Resultados do Ideb no Brasil. *O Estado de S. Paulo*, São Paulo, 8 ago. 2012, p. A16, caderno Vida.

FORSÉ, Michel; GALLAND, Olivier. *Les français face aux inégalités et à la justice sociale*. Paris: Armand Colin, 2011.

FRASER, Nancy. Reenquadrando a justiça em um mundo globalizado. *Lua Nova*, São Paulo, 77, p. 11-39, 2009.

FREIRE, Paulo. *Pedagogia do oprimido*. 8. ed. Rio de Janeiro: Paz e Terra, 1980.

GARCÍA, João Vitor. As cidades e a governança: a reinvenção de política. In: ESTEVE, Josep M. Pascual; FERNANDEZ, Amelia Aparicio (Orgs.). *La gobernanza democrática*: un nuevo enfoque para los grandes retos urbanos y regionales. Andaluzia: Consejería de Gobernación, Dirección General de Administración Local, Junta de Andaluzia, 2008.

GARCIA, Pedro Benjamim. Educação popular: algumas reflexões em torno da questão do saber. In: BRANDÃO, Carlos Rodrigues (Org.). *A questão política da educação popular*. São Paulo: Brasiliense, 1986.

GATTI, Bernadete. *Avaliação de projetos sociais*. São Paulo, 2004. (Mimeo.)

_____. Pesquisa, educação e pós-modernidade: confrontos e dilemas. *Cadernos de Pesquisa*, São Paulo, Fundação Carlos Chagas, v. 35, n. 126, p. 595-608, set./dez. 2005.

GIDDENS, Anthony. *Para além da esquerda e da direita*. São Paulo: Ed. da Unesp, 1996.

GOMÀ, Ricard. Processos de exclusão e políticas de inclusão social: algumas reflexões conceituais. In: BRONZO, Carla L. C.; LAZZAROTTI, Bruno D. C. *Gestão social:* o que há de novo? Belo Horizonte: Fundação João Pinheiro, 2004. (Desafios e tendências, v. 1.)

GORZ, André. *O imaterial*: conhecimento, valor e capital. São Paulo: Annablume, 2005. [1. ed. 2003.]

GRAMSCI, Antonio; COUTINHO, Carlos Nelson (Org.). *Cadernos do cárcere*. Rio de Janeiro: Civilização Brasileira, 2006. v. 1.

_____; COUTINHO, Carlos Nelson et al. (Orgs.). *Cadernos do cárcere*. Rio de Janeiro: Civilização Brasileira, 2007. v. 4.

_____. *Concepção dialética da história*. Rio de Janeiro: Civilização Brasileira, 1981.

GRANDINI, Albiero Celia Maria. *Ensinar e aprender*: desafios constantes na formação profissional. Dissertação (Mestrado em Serviço Social) — Pontifícia Universidade Católica, São Paulo, 2000.

GUIMARÃES. Àurea M. Indisciplina e violência: a ambiguidade dos conflitos na escola. In: AQUINO, Julio Groppa (Org.) *Indisciplina na escola*: alternativas teóricas e práticas. São Paulo: Summus, 1996. p. 57-71.

HABERMAS, Jurgen. *Razão comunicativa e emancipação*. 3. ed. Rio de Janeiro: Tempo Brasileiro, 1989.

HELLER, Agnes. A concepção de família no Estado de bem-estar. *Serviço Social & Sociedade*, São Paulo, v. 8, n. 24, ago. 1987.

IBGE. Instituto Brasileiro de Geografia e Estatística.. *Censo Demográfico de 2010*: dados preliminares. São Paulo: IBGE, 2010. Disponível em: <http://censo2010.ibge.gov.br>. Acesso em: jul. 2013.

IAMAMOTO, Marilda V. *Renovação e conservadorismo no serviço social*. 10. ed. São Paulo: Cortez, 2008.

INEP/IDEB. Instituto Nacional de Estudos e Pesquisas Educacionais Anísio Teixeira. Ministério de Educação. *Índice de Desenvolvimento da Educação Básica* (Ideb). Brasília: Inep/MEC, 2011b. Disponível em: <http://inep.gov.br/web/portal-ideb>. Acesso em: jan. 2012.

_____. Instituto Nacional de Estudos e Pesquisas Educacionais Anísio Teixeira. Ministério de Educação. *Dados finais do censo escolar de educação básica de 2011*. Brasília: Inep/MEC, 2011c. Disponível em: <http://portal.inep.gov.br/basica-censo>. Acesso em: dez. 2012.

KATZMAN, Rubén. Seducidos y abandonados: el aislamiento social de los pobres urbanos. *Revista de La Cepal*, Santiago, n. 75, abr./dez. 2001.

KOGA, Dirce; RAMOS, Frederico. Território e políticas públicas. In: WANDERLEY, M. B.; OLIVEIRA, I. C. (Orgs.). *Trabalho com famílias*: metodologia e monitoramento. São Paulo: IEE-PUC-SP, 2004. v. 2, p. 54-77.

MARTIN, Claude. Os limites da proteção da família. *Revista de Ciências Sociais*, Coimbra, n. 42, maio 1995.

MARTINS, Ana Maria de Souza et al. *A mediação como princípio educacional*: bases teóricas das abordagens de *Reuven Feuerstein*. São Paulo: Senac, 2003.

MARTINS, Luciano. Economia e Instituições políticas: o desafio da articulação. In: SEMINÁRIO INTERNACIONAL SOCIEDADE E A REFORMA DO ESTADO. São Paulo, 1998.

MIOTO, Regina. Que família é essa? In: WANDERLEY, M. B.; OLIVEIRA, I. C. (Orgs.). *Trabalho com famílias*: metodologia e monitoramento. São Paulo: IEE-PUC-SP, 2004. v. 1.

NEGRI, Antonio; LAZZARATO, Maurizio. *Trabalho imaterial*. Rio de Janeiro: DP&A, 2001.

NETTO, José P. A construção do projeto ético-político do serviço social frente à crise contemporânea. In: *Capacitação em Serviço Social e Política Social*, módulo 1. Crise contemporânea, questão social e serviço social. Conselho Federal de Serviço Social, Associação Brasileira de Ensino e Pesquisa em Serviço Social, Universidade de Brasília. Brasília: Ed. da UnB, Centro de Educação Aberta, Continuada a Distância, 1999.

NOGUEIRA, Marco. A. *As possibilidades da política*. São Paulo: Paz e Terra, 1998.

_____. *Em defesa da política*. São Paulo: Senac, 2001.

_____. A formação como desafio estratégico. *Jornal da Unesp*, ago. 2013, supl., p. 4. Disponível em: <http://issuu.com/acireitoria/docs/forum_291>. Acesso em: ago. 2013.

OSTROM, Elinor. *Understanding institutional diversity*. New Jersey: Princeton University Press, 2005.

PNUD. Relatório de Desenvolvimento Humano. *A verdadeira riqueza das nações*. New York: PNUD, 2010.

POCHMANN, Marcio. *Nova classe média?* O trabalho na base da pirâmide social brasileira. São Paulo: Boitempo, 2012.

RITTEL, Horst; WEBBER, Melvin. Dilemmas in a general theory of planning. *Policy Sciences*, n. 4, Glasgow: Elsevier Scientific Publishing Company, 1973. p. 155-169.

ROCHA, Sonia. *Impacto sobre a pobreza dos novos programas federais de transferência de renda*. Rio de Janeiro: FGV, 2004. (Mimeo.)

ROSANVALLON, Pierre. *La société des égaux*. Paris: Éditions du Seuil, 2011.

SANTOS, Boaventura de Sousa. *A crítica da razão indolente*. São Paulo: Cortez, 2000.

_____. *Um discurso sobre as ciências*. São Paulo: Cortez, 1987.

_____. *A gramática do tempo*: para uma nova cultura política. São Paulo: Cortez, 2006.

_____. A reinvenção solidária e participativa do Estado. In: SEMINÁRIO INTERNACIONAL — SOCIEDADE E A REFORMA DO ESTADO. São Paulo, 1998.

SANTOS, Milton. *Por uma outra globalização*: do pensamento único à consciência universal. Rio de Janeiro: Record, 2001.

_____. *Território e sociedade*. Entrevista com Milton Santos. São Paulo: Fundação Perseu Abramo, 2000.

SEN, Amartya. *Desenvolvimento como liberdade*. São Paulo: Companhia das Letras, 2000.

SERRANO, Claudia. A política social na globalização. *Programas de proteção na América Latina*. Santiago: Cepal, 2005.

SCHEERENS, Jaap. *Improving school effectiveness*. Paris: Unesco International Institute for Educational Planning, 2000.

SCHÖN, Donald. *A. Educando o profissional reflexivo*. Porto Alegre: Artmed, 2000.

SOUZA, Marcelo M. C. de. *A importância de se conhecer melhor as famílias para a elaboração de políticas sociais na América Latina*. Rio de Janeiro: Ipea, 2000.

SPOSATI, Aldaíza. O primeiro ano do Sistema Único de Assistência Social. *Serviço Social & Sociedade*, São Paulo, ano XXVII, n. 87, p. 96-122, 2006.

TEIXEIRA, Ricardo Rodriguez. Humanização e atenção primária à saúde. *Ciência & Saúde Coletiva*, v. 10, n. 3, p. 585-97, 2005.

_____. Acolhimento num serviço de saúde entendido como uma rede de conversações. In: PINHEIRO, R.; MATTOS, R. A. (Orgs.). *Construção da integralidade*: cotidiano, saberes e práticas em saúde. Rio de Janeiro: IMS-UERJ/Abrasco, 2003. p. 89-111.

UNESCO. *Um olhar dentro das escolas primárias*. Brasília: Unesco, 2008.

VAN ZATEN, Agnès. Le quartier ou l'école? Déviance et sociabilité adolescente dans un collège de banlieue. *Déviance et Société*, v. 24, n. 4, p. 377-401, 2000.

VIVERET, Patrick. *Reconsidérer la richesse, rapport au secrétaire d'État à l'économie solidaire*. Paris: s.e., 2002.

WANDERLEY, M. B.; OLIVEIRA, I. C. (Org.). *Trabalho com famílias*: metodologia e monitoramento. São Paulo: IEE-PUC-SP, 2004. v. 1.

LEIA TAMBÉM

▶ **MEDIDAS DE CIDADES**
entre territórios de vida e territórios vividos

Dirce Korga

2ª edição - 2ª reimp. (2014)
336 páginas
ISBN 978-85-249-1711-0

O livro trata de experiências que constroem formas diferenciadas de medir a desigualdade social de cidades brasileiras a partir dos seus bairros, distritos, unidades de planejamento etc. Trata-se de um trabalho que busca decifrar uma "topografia social" a partir do que é vivido no chão das cidades brasileiras: entre a exclusão/inclusão social, entre enclaves e potências humanas.

LEIA TAMBÉM

▶ **COTIDIANO, CONHECIMENTO E CRÍTICA**
por uma abordagem interdisciplinar

José Paulo Netto
Maria do Carmo Brant de Carvalho

10ª edição (2012)
96 páginas
ISBN 978-85-249-1902-2

A partir de referenciais clássicos no debate sobre a vida cotidiana (Lukács, Lefèbvre, Heller), os autores, com enfoques diferentes, abordam uma temática atual com as maiores implicações práticas para assistentes sociais, educadores e cientistas sociais. Neste livro são enfrentadas questões como: o que é a cotidianidade, quais as suas características, quais os requisitos críticos e as categorias teóricas imprescindíveis para o seu estudo.

GRÁFICA PAYM
Tel. [11] 4392-3344
paym@graficapaym.com.br